お好み焼きの物語

近代食文化研究会

新紀元社

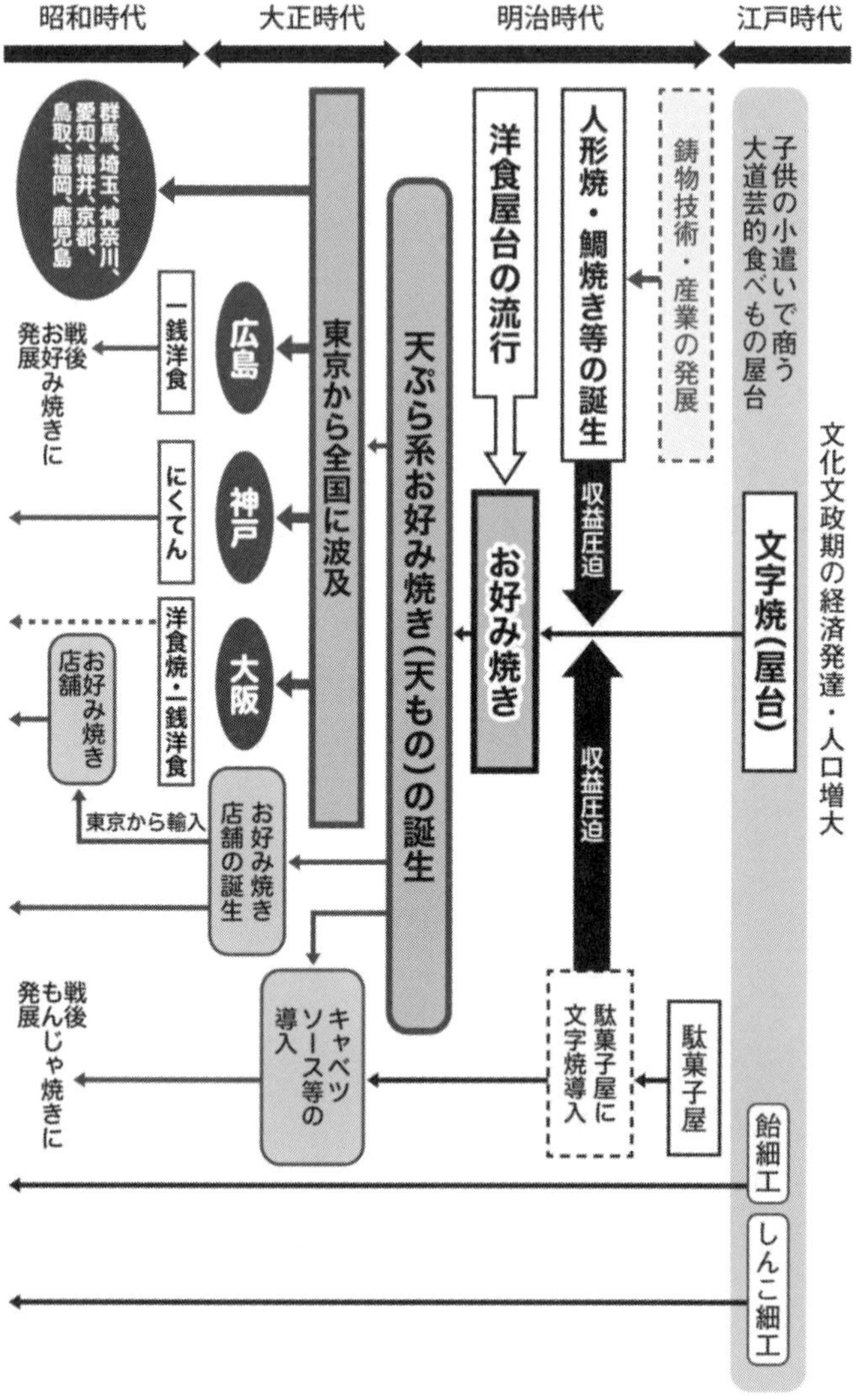

江戸時代
明治時代
大正時代
昭和時代
文化文政期の経済発達・人口増大
子供の小遣いで商う大道芸的食べもの屋台
鋳物技術・産業の発展
人形焼・鯛焼き等の誕生
洋食屋台の流行
文字焼(屋台)
収益圧迫
お好み焼き
収益圧迫
駄菓子屋
駄菓子屋に文字焼導入
飴細工
しんこ細工
天ぷら系お好み焼き(天もの)の誕生
東京から全国に波及
群馬、埼玉、神奈川、愛知、福井、京都、鳥取、福岡、鹿児島
広島
神戸
大阪
一銭洋食
にくてん
洋食焼・一銭洋食
戦後お好み焼きに発展
お好み焼き店舗
東京から輸入
お好み焼き店舗の誕生
キャベツソース等の導入
戦後もんじゃ焼きに発展

目次

はじめに　リーマン・ショックからお好み焼きへ

なぜ私が5年以上の歳月をかけて、２５００冊を超える資料を漁り、お好み焼きの歴史の本を書くという行動に至ったのか？

誰も手を付けていなかったジャンルに挑むまでの経緯と、その予期せぬ発端について語らせていただきたい。

その日は長年勤めていた会社をやめて、第二の人生を歩き始めるはずの日だった。

しかし、第二の人生のスタートラインに立ったその瞬間に、私は失業してしまったのである。

それはリーマンショックが始まった２００８年頃の話。私が20年以上勤めていた企業も、他の企業と同じように、急激に深まる不景気の底の見えない恐怖に覆われていた。

その一方で自分自身も中年にさしかかり、体力面、知力面で若い頃のようにはいかないという、もどかしさをひしひしと感じていたのである。

リーマンショックの頃の多くの企業がそうであったように、私が勤めていた会社も中年社員の早期退職制度を整備し、人事部が宣伝し始めていた。

中年社員は余っている。そんな無言のプレッシャーを、口にはしないが誰もが感じていたのである。

会社の先行きと自分のキャリアに大きな不安を感じていた私は、いつのまにか、会社に頼らない第二のキャリアを模索し始めていた。

その有力な選択肢の一つとして考えていたのが、外国からの観光客相手のガイド商売であった。英語には多少の心得があったからだ。

この先、日本の経済力が相対的に低下し円安傾向が定着すると、お手頃な観光先を求めて、より多くの外国人が日本を海外旅行先として選ぶであろう。いわゆるインバウンドの観光需要は拡大し続けるであろうと予測したからだ。現在の状況を見るに、その予想はあたっていたようだ。

通訳案内士、という国家資格がある。

海外から日本に来た観光客に対し有料でガイドを行うならば、この資格を保有していることが法律で定められていた。

現在は制度が変わっているが、当時は資格のないものが金を受け取ってガイドを行うと、処罰を受けることとなっていた。つまり通訳ガイドで生計を立てるならば、この資格の保有が必須条件だったのである。

そこで私は、企業に務めるかたわら、早期退職に向け通訳案内士の試験勉強を開始したのである。

幸いにもなんとか通訳案内士試験に合格し、早期退職制度を利用して、それまで勤めていた会社を円満退職した。

会社づとめから、自由業への転職である。

もちろん不安もあったが、その頃はまだリーマン・ショックの深い奈落の底に、世界全体が沈んでいた頃である。会社に残っても去っても、安全確実な将来はなさそうに思えた。

それならば、知力と体力にまだ余裕のあるうちに、老齢になっても継続して働ける職業に挑戦するのも、悪くない選択肢に思えたのだ。

そして、まちにまった資格証交付の案内が、東京都より届いた。

交付日は3月10日。その翌日の11日に、東京都庁にクレジットカード大の「通訳案内士登録証」を受け取りにでかけた。

新宿から帰宅し、登録証を机の真ん中に置くと、自分へのささやかなお祝いとして、缶ビールのタブを開けた。

外はまだ明るい。電源を入れたテレビではワイドショーをやっている。そして昼の明るいうちからのビール。

会社づとめをやめた実感が、ふつふつと湧いてきた。ビールを飲みながら、机の上の登録証に貼ってある自分の顔写真を、しばらく見つめていた。

すると一瞬、顔写真が視界の中でぶれたような気がした。ふと我に返ると、ぶれているのは顔写真ではなく、自分の体の軸が前後左右に震えているのだと気づいた。

昼のビールに早くも酔ったのか、とも思ったが、1、2秒のうちに事態が飲み込めた。テレビの中で、ワイドショーの司会者が必死の形相で机を掴み、目を見開いて、激しく揺れるスタジオの天井を見つめていたからだ。

そして、周囲の世界すべてが、轟音を立てて大きく震えはじめた。

２０１１年３月11日14時46分18秒。東日本大震災が起こったのである。


それからしばらくは、親族知人の安否を確認し、被災者を案じ、節電をし、寄付を行い、余震に怯え、原発事故の行く末に不安を感じるという、多くの人と同じ生活を送っていた。

そして何日かたってふと、重大なことに気づいたのである。

どうやら自分は、転職した途端に失業したらしい。

震災と原発事故を受けて、海外からの観光客はほぼ０人となっていた。先輩通訳案内士の状況をネットで確認すると、案の定開店休業の状態になっていた。

原発事故の収束時期が明確でない以上、観光客の復活もいつになるか不透明であった。

今でこそ外国人観光客は、復活するどころか毎年過去最高の人数を記録しているが、当時は何年かかって復活するのか、その目処も立たなかったのである。


しかし、その時の自分には悲壮感というものが全くなかった。

何もかも失った多くの被災者に比べれば、自分の境遇など悲観するに値しない。具体的に失ったものは何もないのだ。

幸いにして、退職金と少しの蓄えもあり、少なくとも数年間、節約すればそれ以上の生活費はまかなえる算段があった。

いずれ復活するであろう外国人観光客のために、日本への関心をつなぎとめよう。日本の情報を発信しつづけよう。それが将来のキャリアにもつながるし、自分のスキルアップにもつながると考えた。

そして、ＳＮＳやブログを通じて、英語で日本文化を発信し続けることを決めたのである。

日本文化を発信すると言っても、様々な分野がありその幅は広い。何か、得意分野を決めてその分野のスペシャリストになる覚悟が必要だ。

このことは、震災前から考えていたことだった。

通訳案内士も、資格が取れればすぐさま食べることができるような甘い職業ではない。ましてや、外国人もネット経由で母国語で情報を収集できる世の中である。スマホがあれば、中途半端な知識のガイドよりも役に立つ。なまじな知識しかないガイドは、いずれ淘汰されるのは必至だと思っていたからだ。

そしてその分野は、食文化の歴史と決めていた。昔から自分の関心が深い分野であり、コミックマーケットの評論分野で同人誌を出すなどの活動も行っていたからだ。また、外国における日本食ブームや、外国人観光客の日本食への関心の高さから考えても、この分野にはニーズがあると思われた。

とはいえ、それまでの活動は趣味の活動に過ぎなかった。プロフェッショナルとしての専門性を持つためには、さらに分野を絞って、深掘りしなければならない。

英語圏で出版されている書籍をリサーチした結果、寿司やラーメンといった人気分野は、出版された本も多くすでに情報の飽和状態にあるように思えた。天ぷらや蕎麦も同様である。

これから伸びしろのある食の分野は、非伝統的な日本食であるように思えた。例えば日本化した西洋料理である洋食、ラーメン以外の日本風中華料理、B級グルメであるお好み焼き、たこ焼き、牛丼、焼鳥、串カツなど、明治時代以降に輸入もしくは誕生したカテゴリだ。

この分野は、英語圏の情報が少なく、かつその内容も貧弱であった。

例えば、イギリスの新聞にカツカレーなどを紹介する記事が載ったことがある。イギリスではカツカレーが、日本レストランのメニューとして人気があり、カツカレーは日本食であると信じているイギリス人もいるようなのだ。

その記事には、カツカレーは伝統的な日本食ではない、と書いてあった。その結論は正しいのだが、その理由は間違っていた。記事には、日本のカツカレーが使っている豚は中国種の豚なので、伝統的日本食ではないと書いてあったのだ。

東京でとんかつがブームとなった大正から昭和初期の養豚用の豚は、中国種ではなく、イギリス産のヨークシャー種、バークシャー種であった。ついでにいえば、カレー自体もイギリスから日本にもたらされたものである。

このように、明治時代以降に生まれた洋食、中華料理、B級グルメの歴史的知識については、日本と外国との間に大きな情報格差がある。格差があるということは、そこに需要もあるということだ。この分野に絞って、まずは日本語の文献を調べることをはじめた。

日本語の文献を読み進むうちに、大きな問題点が浮かんできた。

食文化の歴史研究が最も進んでいる時代区分は、意外に思われるかもしれないが、江戸時代である。上記の食文化（洋食、中華、お好み焼きなどのＢ級グルメ）は明治時代以降に出現したが、明治以降の食文化史研究は、文献の整理さえ未着手の状況にあるのだ。

理由は、資料が多すぎることにある。

江戸時代と比較し、明治以降は桁違いに出版物が増える。料理書を例にとると、江戸時代２６８年間の料理書の数は、「料理文献解題」（川上行蔵編）に整理されているもので１７０冊程度。これに対し明治以降の料理書は、明治初年から昭和５年までのわずか62年間で８００冊を超える（近代料理書の世界　江原絢子　東四柳祥子）。これに昭和５年以降に発行された料理書、新聞雑誌のレシピなどがさらに加わる。

明治以降の料理書における個別レシピの歴史研究が進んでいない理由。それは、資料が桁違いに多すぎるため、その調査に膨大な時間と労力を必要とするからだ。

料理書に掲載されていたレシピの中には、例えばカレーライスのように、不十分ではあるがある程度研究が着手されているものもある。

しかし、お好み焼きのような外食発祥の料理は、家庭向けの料理書には載らない場合が多い。載ったとしても、家庭向けにデフォルメされて外食での実態と乖離する場合がある。

お好み焼きのような外食発祥の料理を調べる際には、料理書のような特定のジャンルの資料に絞って調べることができない。食べ歩き本、エッセイ、自伝、評伝、新聞、雑誌。あらゆるジャンルの全ての出版物のどこかに情報が埋まっているのだが、それを事前に予知し、調査する資料の範囲や数を絞ることは難しい。

つまり、お好み焼きなどの歴史を調べるための方法は、明治時代以降から現在までの無数に存在する本、雑誌、新聞を片っ端から読む以外にないのだ。

お好み焼きの歴史について書かれた従来の本、雑誌記事には、せいぜい2、3件の資料しか引用されていない。新聞記事に至っては、オタフクソースの本に1件引用があるだけだ。

なぜ、豊富な資料をもとにお好み焼きの歴史を明らかにする本が、今まで存在しなかったのか。それは、資料の調査に膨大な時間がかかるからだ。

出版社も編集者もライターも、真剣に調べようとするならば、時間がかかりすぎて採算が合わない。お好み焼き一つとっても、数年はかかる資料の読み込み作業に対し、それに見合う報酬が出せない。雑誌や本の採算どころか、人生の採算が狂うレベルの話なのだ。

そして2011年、失業者であった自分は気づいた。自分はそのために費やすことのできる、少なくとも数年間の時間を持っているのだと。

そして次第に、海外への情報発信よりも、資料の読み込みに費やす時間の割合が多くなっていったのである。

この本は、5年をかけて収集した250以上のお好み焼きの資料に基づいて書かれている。2500冊以上の本に加え、雑誌および新聞記事を参照することで、収集された250以上の資料である。資料の詳細についてはスプレッドシート化しWEB上で公開しているので、そちらを参照していただきたい（新紀元社の「お好み焼きの物語」紹介ページ参照

http://www.shinkigensha.co.jp/book/978-4-7753-1667-2/)。

そのような大量の資料を収集しても、人間が記憶し管理することは到底不可能ではないか。ホラを吹いているのではないかと疑いをもたれる方もいらっしゃるだろう。

実際のところ、数十冊の本を読んだところで、すでに私の記憶力は限界に達していた。そこで私は、記憶することをやめた。記憶に関しては、コンピューターにアウトソーシングする方針へと、初期段階で切り替えたのである。

現在は読書メモ約２６００ファイル、ＯＣＲによりテキスト化された蔵書３６０冊、同じくＯＣＲによりテキスト化された新聞雑誌等のスキャン画像５３５２枚を、クラウド上のテキストデータベースとして統合することで記憶を外部化しているが、詳細については後ほどあらためて説明する。

５年で２５０のお好み焼き資料が見つかるならば、１年をかければ50の資料が見つかるのではないか、と思われるかもしれない。

しかし、ことはそう簡単にはいかない。調査をはじめた当初は、資料を読んでも読んでも少数の断片的な知識が積み上がるだけだったのだ。

３、４年たった頃だろうか。おぼろげながらお好み焼きの歴史の全体像が見えてくると、資料収集の効率は格段に向上してきた。

お好み焼きは、明治時代末の東京の下町で生まれた、子供向けの屋台料理である。この事がわかると、資料収集の範囲を絞ることが可能になる。

お好み焼きの物語
紹介ページ

例えば、自伝やエッセイを読む際にまず生年月日をチェックするようになった。お好み焼きの誕生が明治時代末なので、その頃の証言を収集しようとなると、明治時代半ばに東京の下町で生まれた人のエッセイや自伝の優先順位が高くなる。

一方で、東京から各地方にお好み焼きが伝播したのは大正末から昭和初期にかけてなので、東京以外の地方の人の自伝やエッセイは、明治末から昭和初期生まれの人の優先順位が高くなる。

お好み焼きが誕生した地域を東京の下町と特定できたことで、場所的にも資料探索の範囲を絞ることができた。下町にある多くの図書館を踏破することで、国会図書館にもない郷土資料を多数参照することができた。それはお好み焼きだけでなく、串カツ、焼鳥、牛丼といったB級グルメの歴史探索にも大きく寄与した。

さて、5年も経過すると、明治以降の洋食、中華、B級グルメに関するテキストデータベースもある程度充実してきた。ただ、その中のテーマの一つであるお好み焼きについては、大きな謎が一つ、解決されないまま残されていた。

なぜ、文字焼がお好み焼きに変化したのか。その理由がわからなかったのだ。つまり、お好み焼きの誕生という核心部分が、5年たっても謎のままだったのである。

後に詳しく述べるが、明治の末に東京の下町に初めてお好み焼きの屋台が現れる。そしてその数が増えるのと反比例するかのように、文字焼屋台が数を減らしていった。

つまり、文字焼の屋台主たちがお好み焼きに看板を書き換え転職していったわけだが、なぜそのような集団転職が発生したのか、その理由がわからなかったのだ。

お好み焼きの調査に行き詰まっていた私は、ある日、台東区中央図書館の郷土資料調査室を訪れた。

ここに来るのは何回目だろうか。この郷土資料調査室がなければ、この本は成立しなかったと断言できるほど、多くの重要な資料をここで見つけることができた。

台東区は戦前の下町の一大歓楽街浅草を擁しており、浅草観光連盟が収集した浅草に関する書籍群、浅草文庫がここ郷土資料調査室には並んでいる。お好み焼きが浅草で生まれたとは断言できないが、お好み焼きに関する記録が最も多く残されているのが、浅草関連の書籍であることは間違いがなかった。

とはいえ、既にこの資料室の主だった資料１００冊から２００冊については、あらかた読み終わったつもりだった。それでも久しぶりに郷土資料調査室を訪れた理由は、お好み焼きがなぜ生まれたのか、この大きな謎解きが長期間行き詰まっており、藁をも掴む思いで何か見逃した本はないかと探しにきたからである。

いつものように10冊ほど本棚から選んで、閲覧用の机の上に積み上げる。そして、パラパラとめくりながら、既に読んだ本かどうかをチェックする。

読んだ本の数が数百のオーダーをこえてくると、本の表題を見ただけでは、それが未読の本なのか既読の本なのかわからなくなる。全てを記憶するなど不可能だからだ。ただでさえ、私は記憶をコンピューターに頼っているので、なおさら本の題名についての記憶は曖昧だ。

一応、図書館に持ち込んだタブレットにより、既読チェックができるような仕組みにはしている。

主要な読書メモ１６００ファイルをタブレットに格納し、全文検索できるようにしてあるからだ。本の題名で検索すれば、既読か未読かはすぐわかる。

とはいえ、本棚の前でいちいちタブレットを持ち出して検索するのは効率が悪い。なので、まず目ぼしい本を10冊ほど選び、目次などをざっと見て、読んだ記憶があるならば、タブレットで読書メモを検索し、既読か未読か判断するようにしていたのだ。

その日手にとった本の中に、「東京の味」という題名の本があった。似たような名前が多くあるので、未読か既読かすぐに判断できないパターンの題名だ。

パラパラとページをめくると、案の定、既に読んだ記憶がある本だった。本来ならすぐさま本棚に返すところだが、その日はなんの成果もえられず、けだるい気分だったので、そのまま既読の「東京の味」のページをパラパラとめくり続けた。

すると、「亀の子焼」という菓子の名前が目に入った。全く記憶に無いので、「東京の味」の過去の読書メモを開いてみると、案の定メモにその名前は記録されていなかった。

亀の子焼とは、鯛焼きと同じ焼き菓子で、形が鯛ではなく亀の子になっているものだ。「東京の味」によるとこの亀の子焼が、明治30年代前半に東京で流行ったらしい。

菓子という食べものは、形や名前のバリエーションが多すぎる食べものだ。

例えば、萩の月という仙台の菓子。中身はたいして変わらないのに、名前だけを変えた似たような菓子は、一体全国にいくつあるのだろう。

戦前の菓子にも、似たような傾向があった。名前はいろいろあるが、その実態を調べてみると、同じような菓子ばかり、というパターンだ。であるがゆえに、私は菓子の名前をいちいち読書メモに記録することを、厭う傾向があった。

だが、その日は「亀の子」という言葉がなぜか引っかかっていた。そこで私はなんとはなしに、「亀の子」をキーワードに読書メモ１６００ファイルを全文検索してみたのだ。

すると、意外にもいくつかの読書メモが検索に引っかかった。はて、菓子の名前はあまり記録しないはずの私だが、どういうことかとヒットした読書メモを開いて読んでいった。

そして、息を呑んだ。図書館でなければ、アッと叫ぶところだった。そしてすぐさま、次は「亀」というキーワードで再度全文検索を行った。

ビンゴ！

亀なのだ。キーワードは亀だったのだ。ジグソーパズルの最後の一片は、亀だったのだ。

亀のピースがハマることで、いままでぼやけていたお好み焼きの歴史の全体像が、つぶさに明らかとなった。なぜ文字焼屋台の主がお好み焼きに転職したのか、お好み焼き誕生の秘密も亀というキーワードに隠されていた。

私はすぐさま台東区中央図書館を出た。まずは、自分に乾杯したい気分だったのだ。

幸いにもそこから歩いて十数分のところに、東京に現存する店としては最古のお好み焼き屋、昭和12年創業の染太郎があった。

今日ほどその店で乾杯するのにふさわしい日はなかろうと、私は意気揚々として、染太郎へと歩んでいった。

いつもは行列ができる繁盛店の染太郎だが、その日は幸いにもガランとしていた。

焼台を一つ独占し、生ビールを頼み、メニューを開く。

染太郎のメニューに、お好み焼きという名前の料理は存在しない。

嘘だと思うのならば、試しに染太郎を訪問し、「お好み焼きをください」と注文してみよう。店員に「お好み焼きというのは、えび天ですか、牛天ですか？　それとも……」と聞き返されるはずだ。

お好み焼きという名前は本来、特定の料理を意味する言葉ではない。東京最古の店染太郎をはじめ、お好み焼き発祥の地である東京の老舗たちは、正しくこの伝統を守っているのだ。

1　大正7年のお好み焼き

〝お好み焼き〟という料理は存在しない？

読売新聞大正7年3月24日朝刊に、次のような記事が載った。

＞蝦フライ一銭のどんどん焼

＞麗らか春の日に子供あいての大道商人

＞△お汁粉一ぱい矢張り一銭

どんどん焼についての記事かと思いきや、書き出しは次のようにはじまる。

＞白天竺の暖簾に、お好み焼と書いた屋臺が、横丁へ曲る角に車をおろしてゐる。屋臺の横へ廻つて見ると、お好焼定價表が貼りつけてある。

蝦フライ一錢のどん／＼焼
麗らか春の日に子供あいての大道商人
△お汁粉一ぱい矢張り一錢

読売新聞大正7年3月24日朝刊

屋台の暖簾には〝お好み焼〟、価格表には〝お好焼定價表〟と書いてある。ということは、この屋台はお好み焼きの屋台であるわけだ。

では記事の表題にある〝どんどん焼〟とはなんであるかというと、屋台にきた女工らしき娘が

〈このドンドン焼きは賣れるわね〉

と発言していることから、子供がお好み焼きにつけたあだ名であることがわかる。

お好み焼きとどんどん焼、二つの名称の関係については、後に詳しく取り上げる。

定価表には31種類のメニューがある、と記事にある。このように明治末から戦後直後の東京のお好み焼きの種類は非常に多く、その総数は60種以上にのぼる。しかし、そのほとんどは東京でのみ確認されており、他の地方には伝播しなかった。

ここで注意していただきたいのは、屋台の価格表の中に〝お好み焼き〟〝どんどん焼〟という料理が存在しないということだ。価格表は〝お好焼定價表〟だが、その定価表の中に〝お好み焼き〟の文字はない。

〝お好み焼き〟はあくまでも料理のカテゴリ

戦前の東京に〝お好み焼き〟〝どんどん焼〟という特定の料理は存在しない。

なぜなら、〝お好み焼き〟〝どんどん焼〟は特定の料理名ではなく、料理のカテゴリ名、グループ名だからだ。

それは例えるならば、焼肉屋と同じである。焼肉屋にいっても、メニューに〝焼肉〟という料理名はない。メニューにあるのは、カルビやロース、タンやガツなどの肉の部位等だ。

焼肉はカルビやロースなどを含む総称、グループ名・カテゴリ名であり、特定の料理名ではない。同様に、お好み焼きはえび天、いか天、牛天などを総称するグループ名・カテゴリ名なのだ。この屋台でいうと、31種の料理すべてが〝お好み焼き〟〝どんどん焼〟なのである。

現代の我々は、お好み焼きという名前の料理が存在するという先入観を持っている。この先入観で戦前の、特に東京の資料を読むと、混乱と誤解を招くこととなるので、注意していただきたい。

〝いか天〟の〝天〟の意味を探ると3つの説があった

さて、読売新聞大正7年3月24日朝刊の記事に戻る。価格表の先頭には

エビ天プラ一銭
イカカキアゲ一銭

とある。

お好み焼きの歴史に詳しい人ならば、この〝エビ天プラ〟の重要性にお気づきになることだろう。

東京の古いお好み焼きの名前には、〝天＝てん〟がつくことがある。例えば高見順の小説「如何なる星の下に」には、昭和12年創業のお好み焼きの老舗浅草染太郎をモデルにした惣太郎がでてくるが、惣太郎には以下のような〝天もの〟のメニューが並んでいる。

いかてん
えびてん
あんこてん
もちてん
牛てん

神戸では、かつてお好み焼きのことを〝にくてん〟と呼んだ。「神戸とお好み焼き」（三宅正弘）によると、当時50歳以上の人はお好み焼きのことを〝にくてん〟と呼んだそうだ（出版が２００２年なので、現在だと65歳以上の人となる）。

後に述べるが、大正時代にオペラ歌手田谷力三が女性ファンと焼いていたのも〝肉テンなど〟だった。

この〝天＝てん〟が何を意味するのかについては、様々な仮説がとなえられてきた。

その一つめは、天かす説。天かすを材料として使うことに由来するという説だが、天かすを使わない場合も多いのが難点である。

二つめの説は、天辺（てっぺん）に具を載せるから天がついた、との説。たしかに、昔の〝・・

天〟とよばれるお好み焼きは、生地を流してから上に具を載せるレシピが多い。ただし、あらかじめ生地と具を混ぜる場合もある。

　三つめの説が、天ぷらに由来するというもの。

　今回とりあげた大正７年の読売新聞記事に、〝エビ天プラ〟が出てくること、さらにその横に〝イカカキアゲ〟まで並んでいることから、三つめの天ぷら説が正しいと証明されたことになる。

　だが、この天ぷら語源説には問題がある。できあがったお好み焼きが、本物の天ぷらとは似ても似つかないモノなのだ。

　えび天やいか天は、小麦粉を溶かした生地を鉄板に流し、干しエビや刻みスルメを載せて焼き、ソースを塗ったもの。本物の天ぷらとは、おせじにも似ているとはいえない。

　さらにいえば、あんこ天や、もち天など、普通天ぷらの材料には使わない具材を使う場合がある。お好み焼きとして最も普及した、牛肉などの肉を入れる牛天、肉天も、本物の天ぷらにはない異質の存在だ。

　この「お好み焼きの天ものが天ぷらに似ていない問題」にとりかかる前に、大正７年のお好み焼き屋台のメニューの続

イカ天の作り方

きを見ていこう。

エビ天プラ一銭
イカカキアゲ一銭

に続くメニューは洋食である。

モチフライ一銭
カツレツ一銭

記事の表題にあった〝蝦フライ一銭〟も洋食に分類されるだろう。ここでも、洋食ではありえない（おそらく）餅を使ったモチフライなる奇怪なメニューが登場する。続いて、

シウマイ一銭

と中華料理が登場する。その後に並ぶメニューは、もうわけがわからなくなってくる。

ドイツヤキ一銭
アンコヤキ一銭

オシロコ（著者注　東京の下町言葉でお汁粉のこと）一銭
お辯当（著者注　お弁当）二銭
お壽司二銭
西洋料理五銭
玉子焼五銭

繰り返しになるが、これらが全て〝お好み焼き〟なのである。本物とは似ても似つかないエビの天ぷらもお好み焼き、焼売もお好み焼き、お弁当もお寿司もお好み焼き。

これだけ支離滅裂となると、どうしてもこういう疑問を抱かざるをえない。

そもそも、〝お好み焼き〟とは何なのだろうか？

そもそも、お好み焼きとは何なのか

まず、料理名と値段のギャップから、お好み焼きとは何かを考えてみる。

読売新聞記事では、女工らしい娘が、オシロコ１銭を注文して次のように話す。

〉このドンドン焼は賣れるわね。私達にも食べられるんですものオシロコとは東京の下町の言葉でお汁粉のこと。〝私達にも食べられるんですもの〟とは、おそらく女工の小遣いでも、食べることのできる値段という意味であろう。

当時のお汁粉の値段は、安いことで有名だった上野広小路の水戸屋の汁粉が大正半ばで3銭（古老がつづる下谷・浅草の明治、大正、昭和1）。一般の店だと、関東大震災前後で7、8銭（たべもの世相史・東京　玉川一郎）あたりが相場だった。

こうしてみると、1銭というお好み焼きのオシロコは、不自然に安いことがわかる。

続いてカツレツ1銭だが、こちらも安すぎる値段だ。大正9年の本郷バー（格安洋食レストランチェーン店）のカツレツの値段がチキンカツ20銭、ビフカツ10銭、ポークカツ8銭である（たべもの世相史・東京　玉川一郎）。

お好み焼きのお汁粉とカツレツは、どう考えても、本物を作ったとは思えない安い値段なのだ。ところでこのお汁粉とカツレツ、作家の池波正太郎が作り方の詳細を残している。池波の言葉ではそれぞれ〝どんどん焼〟の一種なのだが、後に詳述するようにどんどん焼はお好み焼きを意味する子供言葉なので、どんどん焼＝お好み焼きと同一視してかまわない。

〈「おしるこ」というのを作るんですよ。細長く敷いたベースのメリケン粉の上へ、やはり細長い豆餅をのせ、さらにその上へこし餡をのせて、くるくると巻きあげたのを鋏（はさみ）でチョンチョンと切るわけ。そうしておいて、その入れものまでうどん粉のベースで焼きあげるんですよ。この容器に鋏で切っておいたやつを入れて、その上に黒蜜をたっぷりかけて食べる。五銭からありまし

たね（対談／味覚極楽　池波正太郎　完本池波正太郎大成別巻所収）。

豆餅と餡を小麦粉の皮でクレープのように包み、黒蜜（みつ豆の蜜＝黒砂糖を水にとかして煮たもの）をかけたもの。まったくもって、お汁粉ではない。大正7年の1銭のオシロコは、さらに材料と手間を省いたものであっただろうし、やはり似ても似つかぬモノであったろう。

続いてカツレツの作り方である。

〉「カツレツ」ですね。十銭でした。これは、ベースをカツレツの形に引くでしょう。その上へ牛や豚の生肉をのせ、さらにその上へベースをかけるわけね。このベースがかわかないうちにパーッとパン粉をふりかけ、そして焼けたところで裏返す（と実演つきで説明）（対談／味覚極楽　池波正太郎　完本池波正太郎大成別巻所収）。

こちらはやや、カツレツに似ているが、油で揚げるのではなくあくまで鉄板で焼いたものであるし、小麦粉の皮にパン粉が

おしる粉の作り方

ちらしてある程度のものである。

池波正太郎のカツレツは十銭と、池波の記憶の中では最も値段の高いものであったが、大正7年読売新聞記事のお好み焼きのカツレツは最も安い一銭。おそらく、肉など入っていなかったであろう。

とすれば、このカツレツ、現代でいうと駄菓子のカツのようなものである。

ビッグカツなどの、駄菓子屋で売っている30円前後のカツ類は、ほとんどがパン粉などの衣から作られており、中に豚肉や牛肉などは入っていない。せいぜいが、目に見えるか見えないか程度の魚の練り物が薄く敷いてあるぐらいのものだ。

つまり、駄菓子のカツとは、トンカツの廉価版というよりは、トンカツのパロディ的な駄菓子なのである。

お好み焼きとは、駄菓子屋のカツのようなものだ。これこそがお好み焼きの本質である。

お好み焼きとはそもそもなにかというと、鉄板と水溶き小

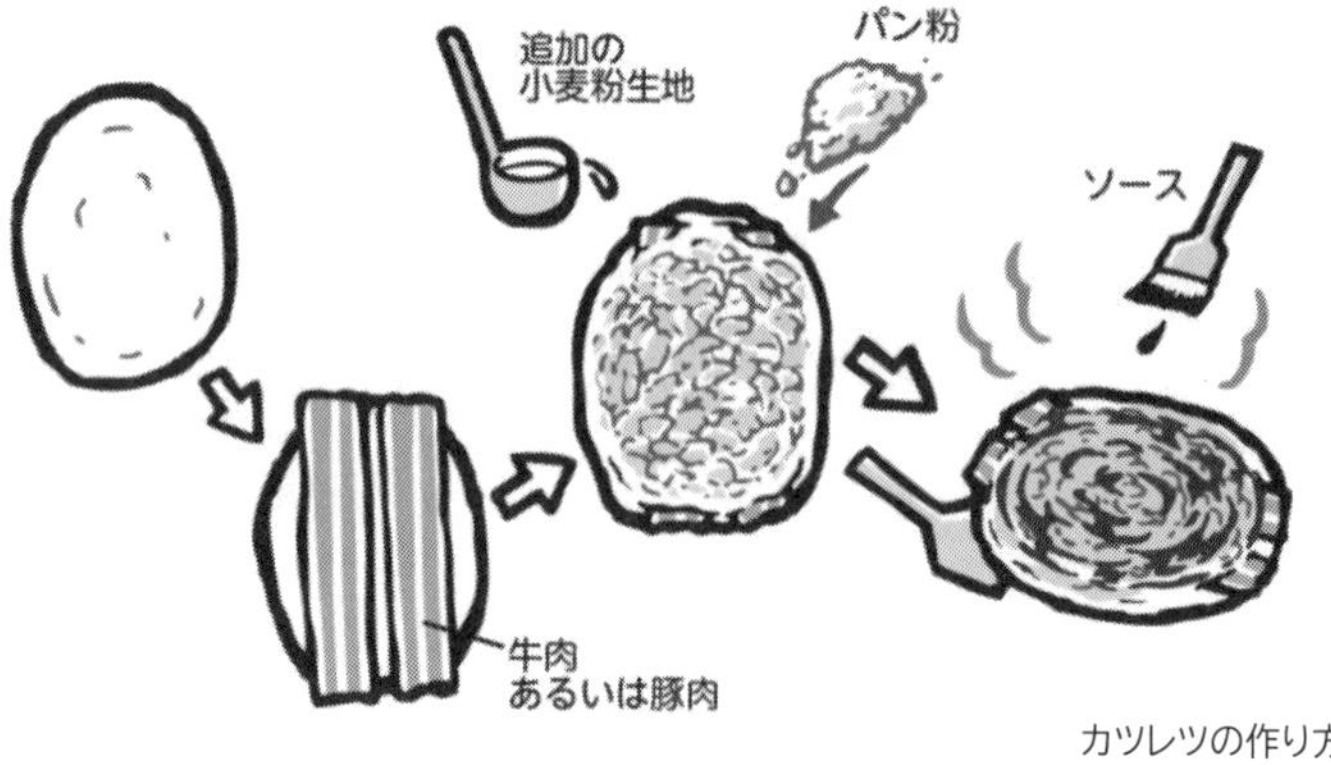

カツレツの作り方

麦粉を使って、和洋中様々な料理を形態模写したものなのである。

しかも、材料や値段、料理法（鉄板焼き）の関係から、あまり似ていないものができる。それを承知で買い、食べる駄菓子が、原初のお好み焼きの姿なのである。

このお好み焼きの本質については、すでに民俗学者の柳田国男が昭和6年に解説している。

〉子供を相手の擔（にな）ひ商ひの方でも飴や新粉の細工物は通りこして、御好み焼などといふ一品料理の眞似（まね）事が、現に東京だけでも数十人の専門家を生活させて居る（明治大正史 第4巻 世相篇　柳田国男）。

お好み焼きとは本来、〝子供を相手の〟〝一品料理の眞似（まね）事〟だったのだ。

大人も楽しんだお好み焼きのパロディ精神

後に述べるように、子供相手の屋台商売であったお好み焼きは、大正時代半ばには大人向けの店舗商売に発展する。そして、大人が焼くようになっても、一品料理の眞似（まね）事的な、パロディ的な要素は引き継がれていた。

つまり、大人が焼くお好み焼きも、オリジナルの料理とは似ていなかったのだ。似ていなくても、というか、むしろその似ていないところを楽しむ料理ですらあったのだ。

一例をあげよう。浅草のお好み焼きの老舗、染太郎にはかつて〝テキ〟というメニューがあった。

高見順の小説「如何なる星の下に」には、染太郎をモデルにした惣太郎という店がでてくるが、この惣太郎のメニューに〝テキ〟が登場する。ということは、染太郎の開店当時、昭和12年頃から〝テキ〟はメニューに存在したと思われる。

以下は、「如何なる星の下に」でテキ（ビフテキ）を焼く場面である。

〈「ビフテキ」、お好み焼の「ビフテキ」である。その「ビフテキ」というような、ただ油をひいて焼くだけでなく、焼きながらその上に順次、蜜、酒、胡椒、味の素、ソースの類いを巧みに注ぎかけねばならぬところの、ちょっと複雑な操作を必要とするものは、私は美佐子に調理を頼んだ（如何なる星の下に　高見順）。

〈「ちょっと蜜を取ってちょうだい」　私は、ほいきたとあわてたような声を出して、手をのばして蜜の容器を取った。蜜を彼女は、焼けば焼くほどチリチリに縮みあがる肉の上に注ぎながら（如何なる星の下に　高見順）

〝チリチリに縮みあがる〟というからには、普通のステーキと異なり、薄切肉を使っているようだ。そしてその上から蜜をかけている。

蜜というのはあんみつの蜜とおなじもの、砂糖と水を煮詰めたものだ。これを薄切り肉にかける。どう考えてもビフテキとはかけはなれた何かだ。

この染太郎のテキを実際に知る作家が、「如何なる星の下に」のビフテキについて解説している。

明治37年生まれの一瀬直行だ。

＞「ビフテキ」を焼くと云ってもまことに変てこな「ビフテキ」が出来上がる。この変てこなところにお好み焼の妙味がある。それも自分で焼いてみ、失敗して変てこに仕上げるところに一層面白みがある（随筆浅草　一瀬直行）。

〝変てこなところにお好み焼の妙味がある〟、つまり、似ていないところをむしろ楽しむのがお好み焼きの面白みだというのだ。

亀の遺伝子

さて、大正7年のお好み焼き屋台には一品料理の眞似（まね）事とは異なるメニューが一つだけ登場する。亀の子だ。

＞焼板の上を布巾でちょいと撫で、ニューム（著者注　アルミニウムのこと）の杓子一本で無造作に龜の子を一ぴき作上げ、挾んだ小撚（こより）で吊るし上げて「ハイお待遠さま。」

＞一寸（ちょっと）の間に龜の子を五つ六つ焼くと、ここを切り上げて向ふの角でまたドンドンドンドンやつてゐる。

これ（右下の絵）は、嘉永4年（1851年）生まれの郷土玩具研究家清水晴風が描いた江戸時代の文字焼屋台。右上には次のような文句が書かれている。

〽子供等も三人寄れバ文字焼、智恵も進ミて亀の子を焼

文字焼屋台の老爺の前には、こよりで吊るされた彼の文字焼作品が並んでいる。この部分を拡大してみよう（左下の拡大図）。

上段右上から左に、まず子亀を載せた親亀、魚（おそらく定番の鯛）、子亀を載せた親亀と、それを取り囲む亀の子。

下段真ん中に吊るされている網目がかったものは、おそらく「籠の鳥」と思われる。

文字焼とはこのように、水溶き小麦粉を焼くことで、動物などの形態を模写する大道芸的な屋台であった。

そして、その形態模写の中には、亀の子があった。文字焼がお好み

世渡風俗圖會　清水晴風　国会図書館所蔵

焼きに看板をかえたあとも、亀の子はまだ、メニューに残っていたのだ。

ここで柳田国男の解説を再度引用する。

〉子供を相手の擔（にな）ひ商ひの方でも飴や新粉の細工物は通りこして、御好み焼などといふ一品料理の眞似（まね）事が、現に東京だけでも数十人の専門家を生活させて居る。

〝飴や新粉の細工物〟とは、飴細工としんこ（新粉）細工のことである。

飴細工については多くを説明する必要はあるまい。水飴を熱して捏ねた飴（千歳飴のような白いさらし飴）を、熱く柔らかい状態にし、粘土のように細工をして、花鳥草木やアニメのキャラなどのミニチュアを作るものだ（下の絵）。

しんこ細工は、米の粉（しんこ）を蒸して餅状にしたものを材料に、飴細工のように形態を模写するもの。現在はほぼ絶えてなくなってしまったが、戦前は日本各地で盛んに行われていた（次ページの絵）。

文字焼も飴細工やしんこ細工とおなじく、食べ物で形態模写を行う大道芸的な屋台であり、この三者はともに江戸時代末から盛んになった。ただし、飴細工やしんこ細

世渡風俗圖會　清水晴風　国会図書館所蔵
飴細工の名人飴熊の図

工が京都大坂などにも存在したのに対し、江戸時代から明治時代にかけての文字焼の資料は、ほとんどが江戸＝東京のものである。

大正7年のお好み焼き屋台における〝亀の子〟は、お好み焼きが文字焼の子孫であることを示す、遺伝子のカケラなのだ。

文字焼は、明治末の東京において、花鳥草木の形態模写からパロディ料理へと大きく方向転換を遂げ、看板を〝お好み焼き〟に書き換えた。

〉飴や新粉の細工物は通りこして、御好み焼などといふ一品料理の眞似（まね）事

という柳田国男の説明は、飴細工やしんこ細工と同じく、花鳥草木の形態模写を行っていた文字焼が、それらを〝通りこして〟一品料理のまねごとであるお好み焼きになった、という意味だ。明治8年生まれの柳田は、文字焼からお好み焼きへの移行を、同世代人として観察していたのだ。

飴細工やしんこ細工は、江戸時代そのままの姿で第二次世界大戦後まで残った。おなじような大道芸的食物屋台の中で、文字焼だけが、明治末にお好み焼きへとその姿を変えた。

世渡風俗圖會　清水晴風　国会図書館所蔵
しんこ細工の名人鍬吉の図

なぜ、文字焼はお好み焼きへと変わったのだろうか？

正確に言うと、変わったのではない。変わらざるをえなかったのだ。文字焼が消滅の危機に瀕した時、やむをえず、お好み焼きへとその姿を変えたのである。

これからその経緯を含め、江戸時代から第二次世界大戦前までの文字焼、お好み焼きの歴史をたどっていくが、その前に本書の構成と、本書が目指すところについて説明させていただきたい。

2 池波正太郎も勘違い！お好み焼きとどんどん焼は何が違う？

どんどん焼とお好み焼きとの違い

さて、ここまでは大正時代の、初期のお好み焼きに触れながら、お好み焼きとは何かという基本的な部分を説明してきた。

これからは、文字焼からお好み焼きが生まれ、それが全国に広がっていく過程を詳細に追っていくが、その前に、本書の基本的な立ち位置を説明しておきたい。

本書は各種エッセイ、聞き書き、自伝、新聞記事、雑誌記事、小説などに記述されたお好み焼きの証言を収集し、分類し、整理することを主目的にしている。その数は総計で２５０以上にのぼる。２５０の資料について詳細を知りたい方は、新紀元社の「お好み焼きの物語」紹介ページから詳細一覧ページにリンクをはっているので、検索するか以下のＵＲＬにアクセスし参照していただきたい。http://www.shinkigensha.co.jp/book/978-4-7753-1667-2/

本書の副題が「執念の調査が解き明かす新歴史」ではなく「執念の調査が解き明かす新戦前史」という中途半端な名前となっているのは、資料収集にあまりに時間がかかりすぎるために、戦後の資料の収集までは手が回らなかったからである。

戦前の資料の収集だけで既に５年以上の年月がかかっており、現在もなお収集は

お好み焼きの物語
紹介ページ

続いている。戦後の資料収集をまっていては何年先になるかわからないために、「戦前史」に絞って資料をまとめることにしたのが本書である。

さて、従来のお好み焼きの歴史は、ごく少数の資料をもとに語られてきた。ゆえに、誤りも多かった。

手前味噌ながら、多くの資料を集め、比較分析することの重要性を、〃お好み焼き〃と〃どんどん焼〃の二つの名称の関係を例に説明したい。

前章「大正7年のお好み焼き」において、どんどん焼とは正式名であるお好み焼きにつけられたあだ名であり、子供が使う通称であると説明してきた。

だが、従来の本には、屋台のどんどん焼がまず最初にあって、それが昭和初期に店舗形式になり、お好み焼きに名称を変えた、との主張が多く見られる。

その際に根拠として引用されるのが、国文学者池田彌三郎の以下の証言だ。

〉屋台の、子ども相手の、一銭三銭五銭といったどんどん焼きが、出世して、いつしか「お好み焼き」になった。そして銀座の露地の奥などに、ちょっとした店ができた。それは昭和の初年ごろではなかったか。（たべもの歳時記　池田彌三郎）

この証言を鵜呑みにし、屋台のどんどん焼が昭和はじめに店舗形式のお好み焼きになったと結論づけるのは間違いである。池田彌三郎が4歳の時の、大正7年3月24日読売新聞記事にあるように、正式名がお好み焼き、子供向けのあだ名がどんどん焼というのが正解だ。

どんどん焼が正式名と思い込んでいた池田彌三郎は、店舗形式のお好み焼き屋を初めて目にした時、どんどん焼からお好み焼きに名称を変更をしたと勘違いした。

ところが現実はというと、大人の世界では一貫してお好み焼きという正式名が使用されてきたのである。なので大人向けの店舗に〝お好み焼き〟という正式名がつけられたのは当然の帰結であって、突然改名したわけではないのだ。

大人はお好み焼きとよび、子供はどんどん焼とよぶ

正式名が〝お好み焼き〟である証拠として、新聞記事における記述があげられる。

私が収集した大正時代から昭和初期の15件の記事のうち、13件がお好み焼きという表記を使っている。残りの2件については、1件がどんどん焼、1件がボッタラ焼きという表記を使っている。

大人が書き、大人が読む新聞の世界では、ほとんどの場合〝お好み焼き〟という正式名が使われるのだ。

〝どんどん焼〟が使われるのは例外的なケースでしかない。なぜなら、どんどん焼は子供の言葉であり、大人の世界の新聞では敬遠されるからだ。

そう断言するためには、15件という記事の数が重要だ。資料を多く集めることで、何が一般例で、何が例外かを識別することが可能になる。

新聞記事といえば、明治36年生まれの詩人サトウ・ハチローは昭和11年、朝日新聞に東京の街頭の風景を描写する連載を持っていた。その連載をまとめた「僕の東京地図」において、サトウ・

ハチローは5軒のお好み焼き屋を描いている。

浅草玉木座の前にあるのは〝おこのみやき屋〟
同じく浅草公園劇場の楽屋口にでている〝おこのみやき屋〟は御笑楽という名前
向島の風呂屋の前に毎日でる屋台は〝オコノミヤキの屋台〟
上野元黒門町お座敷のあるあげ羽（は）屋は〝みなさまのおこのみやきどころ〟の軒灯を掲げた店
蛎殻町3丁目に〝おこのみやき屋〟の屋台

このように、表記はすべてお好み焼きで統一している。明治36年生まれの人間が、大人向けのメディアである新聞に連載する場合、どんどん焼という子供言葉は使わないのだ。

また、屋台についてもお好み焼きという表現を使っていることから、屋台のどんどん焼が店舗形式となってお好み焼きに名前を変えた、というのが間違いであることがわかるだろう。

明治天皇が明治44年に設立した貧民救済団体、恩賜財団済生会の昭和3年度の報告に、救済として資金を貸し付けて〝お好み焼と云つて子供が一銭二銭と買ふ〟事業を始めさせる事例がある。（恩賜財団済生会の救療其3　済生会編）

これも、公的なレポートでは正式名であるお好み焼きを使うという例だ。

明治22年生まれの画家横井弘三は、昭和6年に「露店研究」を発表している（近代庶民生活誌17見世物・縁日所収）。そこで横井は、明治30年頃の日本橋南茅場町薬師様縁日における文字焼（モ

ンジヤキ）屋台に関連して、〝オコノミ焼〟という文言を使っている
〉モンヂヤキ屋は、今のオコノミ焼の如きものだったが、ウドン粉だけのものである。よく、ドビン
と云ふてどびん形にしてそれを紙縒（こより）に通したもので、又別品で、円錐形にして、その中
へ、モンジ焼の液を入れたものが、一番美味だつた。

また、横井は浅草の露店に「おこのみ焼」があることも記述している。明治22年生まれの大人が大人向けに文章を書くときは、お好み焼きという正式名を使うのだ。

さて、池田彌三郎は大正3年生まれである。池田が物心ついたときには、子供の間ではお好み焼きという正式名が忘れ去られ、どんどん焼が正式名であると広く信じられていたようだ。

読売新聞の記事にあるように、大正7年の屋台の暖簾には〝お好み焼〟、定価表には〝お好焼〟と書いてあった。この頃までに字が読めるようになっていた子供、例えばサトウ・ハチローならば、正式名がお好み焼きであることを理解できたであろう。

ところが、内務省衛生局の月島の調査において、「どんどん」という幕が掲げられた屋台が撮影されている（次ページの写真）。時期は明確ではないが、調査時期は大正8年あるいは9年である。おそらく、大正時代の後期には、子供がつけたあだ名であるどんどん焼をのれんに掲げるようになったのだろう。これでは池田彌三郎のような子供達が、どんどん焼こそ正式名であると思い込むのは仕方がない。

勘違いをしているのは池田彌三郎だけではない。生まれ年が近い大正4年生まれの歌舞伎役者尾

上梅幸（7代目）も、どんどん焼がお好み焼きになったと勘違いしている一人である。

＞今のお好み焼きはぜいたくになっちゃった。昔はどんどん焼きっていって、市村座の前に来るのがうまかった（対談／歌舞伎は演劇の根源　完本池波正太郎大成別巻所収）。

池波正太郎の勘違い

作家の池波正太郎（大正12年生まれ）も誤解したまま大人になってしまった一人だ。

梶山季之との対談で池波は次のように語っている。

＞池波　「お好み焼き」という名前をつけたのは、高見順さんだといってましたね。高見さんの奥さんがそういってらっしゃるところをみると、そうなんじゃないですか。

＞梶山　ああ、例の浅草の染太郎（対談／味覚極楽　完本池波正太郎大成別巻所収）。

月島調査 内務省衛生局編
関谷耕一解説 生活古典叢書6付録の2

つまり、昭和12年の染太郎開店時に、高見順がお好み焼きという名称を発明した、それまではどんどん焼という言葉しかなかったというのだ。

後述のとおり、お好み焼きの名称は作家高見順（明治40年生まれ）が子供の頃（明治時代末）から存在しており、高見が命名するなどありえない。高見が命名したのは染太郎の暖簾に書かれている〝風流お好み焼〟の〝風流〟の部分だ。

〉染太郎（著者注　染太郎創業者崎本はるの夫、漫才師）が戦争中兵隊にとられ、次の日からどうにもならない。それで例の井上ピカが、お好焼っていうのがいい、あれなら小さい家でも簡単にできる、といいだして（死について語る楽しみ　高見順　「文藝春秋」にみる昭和史第二巻所収）。

〉屋号はどうしよう？染太郎でいいじゃないか。その上にぼくが〝風流お好み焼〟とつけた（死について語る楽しみ　高見順　「文藝春秋」にみる昭和史第二巻所収）。

〉おかみさん（著者注　染太郎創業者崎本はるのこと）と昨日も話したのだが、この風流お好み焼というのを、社名・商品名などと同様に登録しておけばよかったね。汚いから風流お好み焼とやったのに、いまは、全国どこへいっても風流お好み焼で、これはおかしなことで、笑ったな（死について語る楽しみ　高見順　「文藝春秋」にみる昭和史第二巻所収）。

今でも大阪などの古いお好み焼き店の暖簾に「風流」という文字を見かけるが、あれはもともと、染太郎の店の汚さを逆手に取って高見順がつけたものが、小説「如何なる星の下に」によって全国に広がったものなのだ。

池波正太郎の作家としての師匠は長谷川伸(明治17年生まれ)である。長谷川の劇作家としての出世作、昭和3年に上演された掏摸（すり）の家には以下のくだりがある。

（ト書き）お好み焼の屋台車に子供がたかっている。
（著者注　この部分中略）
お好み焼屋　（人のよい笑顔を向け）何にしようね。
お松　あたいは牛天よ。
捨松　おいらは鳥と籠だよ小父さん。
（掏摸の家　長谷川伸全集15所収）

昭和3年といえば池波正太郎が5歳のころ。その頃大人が脚本を書き、大人が演じ、大人が見る演劇の世界では、お好み焼きという正式名が使われていた。また、サトウ・ハチローの「僕の東京地図」と同じく、屋台であってもお好み焼きの表記を使っていることがわかる。

食道楽第三巻昭和四年六月号

この絵（下の絵）は昭和四年の雑誌「食道楽」六月号に掲載されたお好み焼き屋台の絵。看板には「おこのみやき」とあり、〃旗付き飴で育った子供達の無性に喜ぶ食道樂はお好み焼で味の變化と型の變化で頗る藝術的のもの。ネギ玉だ蝦入れだ蜜バタだてな事で家臺の前は雀の酒盛り同然の盛況〃との説明がついている。

長谷川伸の掏摸（すり）の家と同じく、屋台に対してもお好み焼きという正式名が使われている。

なぜなら食道楽は大人が読む雑誌だからだ。

さて、高見順へのいわれなき非難は池波にとどまらない。完本池波正太郎大成別巻には、池波と植草甚一の対談も収録されているが、そこで植草はこのように発言している。

＞植草　小説の中に「お好み焼き」って出てきたときにはうんざりしましたよ。「どんどん焼き」って言葉、知らないのかい、キミたちは、っていいたくなった……（僕の東京案内　植草甚一）。

評論家・随筆家の植草甚一（明治41年生まれ）もまた、どんどん焼という本当の名前が、川端康成や高見順によってお好み焼きに歪められたと勘違いをしていた一人である。

＞そうしてドンドン焼きのことを「お好み焼き」と呼びだしたときも腹が立ったっけ。その元凶は川端康成と高見順で、「浅草紅団」を読むとわかるけれど、レビュー・ガールを三人ばかりつれて「お好み焼き」屋にあがり鉄板にメリケン粉をイカとかエビで掻きまぜたやつをドップリと流し、それが焼けるのを見ながらゴキゲンになっている（僕の東京案内　植草甚一）。

＞だいたい川端康成も高見順もドンドン焼きという言葉を知らなかったことが二人の育ちからみても分かってくるんだ（僕の東京案内　植草甚一）。

川端康成が昭和4年から連載を開始した作品、浅草紅団には、レビューガールとお好み焼きを焼くシーンは登場しない。それどころか、お好み焼きという言葉さえ出てこない。浅草紅団の続編浅草祭（昭和９年連載開始）も同様である。

つまり川端は、自分が書いてもいない事に対して非難されているのである。なんとも理不尽なことだ。植草が他の作品と勘違いしている可能性はあるが、いずれにせよ川端の小説デビューは大正８年であり、川端が小説家になる前に既にお好み焼きの名が存在したことは、「大正７年のお好み焼き」からも明らかだ。

池波正太郎にせよ植草甚一にせよ、本来どんどん焼と呼ばれていたものがお好み焼きに改名されたという誤った認識は、知識不足・勉強不足から生じた誤解であることがわかる。子供の頃の誤解はしかたがないにせよ、大人になるまでに是正される機会はあったはずなのだ。

明治40年前後が境い目か？

さて、どんどん焼が正式名だと勘違いしていた池田彌三郎、池波正太郎、植草甚一、尾上梅幸のうち、最年長は明治41年生まれの植草甚一である。他の３人は大正生まれだ。

正式名であるお好み焼きを使っていた〝大人〟は、柳田国男（明治８年生まれ）、長谷川伸（明治17年生まれ）、横井弘三（明治22年生まれ）、サトウ・ハチロー（明治36年生まれ）である。

お好み焼きという正式名を使う〝大人〟と、どんどん焼が正式名だと勘違いした〝子供〟の境い目は、生年でいうと明治40年あたりにあるのではなかろうか。

これを検証するために、２５０以上の資料の中からお好み焼きという名称を使う人、どんどん焼が本来の名前であるという人を別々にピックアップし、生年順に羅列してみる（次ページの図）。

なかなかすっきりとは別れないが、おおよそ明治40年生まれを境にして、それより前に生まれた人は〝お好み焼き〟、それより後に生まれた人が〝どんどん焼〟とよぶ傾向が強いように思える。

つまり、明治末に生まれたお好み焼きの屋台に、子どもたちによってどんどん焼というあだ名がつけられたのは、明治40年生まれの子供が物心つくころ、すなわち大正初期ではないかと推測する。

本書が目指すところは、このようになるべく多くの資料を収集・整理することで、標準的な事例を発見し、イレギュラーを確定することにある。

これにより、一部のイレギュラーな証言はあるにせよ、お好み焼きが正式名であり、どんどん焼はお好み焼きが普及した後に子供たちによってつけられたあだ名であることが標準的な事例だとわかる。

これが長い時間をかけて２５０以上の資料を収集してきた目的であり、本書が書かれた目的でもある。

さて、これからは太平洋戦争勃発までのお好み焼きの歴史について、まず急ぎ足で概観し、それからあらためて詳細に記述していきたい。

＜お好み焼き派とどんどん焼き派の人物の生年比較＞

	“どんどん焼き”が本来の名前であると考える、あるいは“どんどん焼き”という言葉しか使わない人物。	もっぱら“お好み焼き”という言葉を使う人物。
		❶柳田国男　明治8年
明治10年	①伊藤晴雨　明治15年 ②秋山安三郎　明治19年	❷永井荷風　明治12年 ❸長谷川伸　明治17年
20年		❹横井弘三　明治22年 ❺濱本浩　明治24年
30年	③森義利　明治31年 ④平野威馬雄　明治33年 ⑤目等安（めら やす）　明治36年 ⑥寺村紘二　明治39年	❻柴田宵曲　明治30年 ❼サトウ・ハチロー　明治36年 ❽北畠栄子　明治36年 ❾一瀬直行　明治37年 ❿坂口安吾　明治39年
40年	⑦松本君（まつもと きみ）　明治40年 ⑧井上みつ　明治41年 ⑨沢村貞子　明治41年 ⑩植草甚一　明治41年 ⑪筈見恒夫（はずみ つねお）　明治41年	⓫高見順　明治40年 ⓬吉村公三郎　明治44年
45年	⑫塚田正司　明治45年 ⑬谷のぶ　大正元年 ⑭加藤金一郎　大正元年 ⑮渡邉良　大正2年 ⑯池田彌三郎　大正3年 ⑰北園孝吉　大正3年 ⑱尾上梅幸（7代目）　大正4年 ⑲殿山泰司　大正4年 ⑳加太こうじ　大正7年 ㉑持永只仁　大正8年 ㉒杉山芳之助　大正10年	⓭家中君（やなか きみ）　大正6年 ⓮井上滝子　大正6年 ⓯芥川比呂志　大正9年
大正10年	㉓野一色幹夫　大正10年 ㉔安田武　大正11年 ㉕池波正太郎　大正12年 ㉖大塚力　昭和元年 ㉗吉村昭　昭和2年	⓰長谷川桂　大正12年
15年		⓱諸井薫　昭和6年
昭和10年	㉘阿刀田高　昭和10年 ㉙白濱晃　昭和11年	

［コラム］今は無きお好み焼きのメニュー「エチオピア」

大正7年の読売新聞記事によると、お好み焼き屋台の〝お好焼定價表〟には31種類のメニューが記載されていた。

繰り返しになるが、この31種類全てが、お好み焼きである。お好み焼きとはこれらを総称するカテゴリ名であり、戦前の東京にお好み焼きという特定の料理はない。

今までに収集した資料の中に登場するお好み焼きは、60種以上にのぼる。以下がその一覧である。

これらのほとんどは東京以外の場所での存在が確認されていない。戦前に東京から各地方に伝播したのは、わずかな例外を除き、肉天などの天もの、つまり天ぷらのパロディ料理だけだ（焼きそばは戦後に伝播）。

・形態模写　亀（亀の子）　籠の鳥　兎　人形　おはち　ノラクロ　軍艦　つつみ

・パロディ料理（日本料理）　天ぷら（肉天　牛天　えび天　いか天　もち天　しょうが天　ねぎ天　いも天　ハム天　揚玉天　いかかきあげ　かきあげ　お染やき）　おしるこ　寄せ鍋　玉子焼　寿司　弁当

・パロディ料理（西洋料理）　カツ・フライ（パンカツ　カツレツ　エビフライ　モチフライ　牛フライ　イカフライ）　ビーフステーキ　オムレツ　ハムエッグス　オムライス　キャベツ巻＝ロールキャベツ　キャベツボール　サンドウィッチ　西洋料理

・パロディ料理（中華料理）　焼きそば　おかやき　焼めし　焼売　フョーハイ（芙蓉蟹？）
・時事ネタ　三原焼　エチオピア（黒んぼ）
・分類不能　あんこ巻　てっぽう巻　深川　いかだ　せんべい焼
・内容不明　ドイツヤキ　あんず巻　もやし　ポテトフライ　コーヒー　パインナップル　月見
ポテトキャベツ　玉子そば　肉パン　ポテト野菜　上げ玉　五もくそば　とん玉　どら焼　新橋
焼　五目焼　かき玉　カキメシ

これらの中には、名前だけが残っているがその内容が不明なものも多い（サンドウィッチ、パインアップル、コーヒーなど）。

本書では、作り方がわかっているお好み焼きの中からいくつかをピックアップして紹介させていただく。

まずは、エチオピアである。

昭和11年11月4日の読売新聞夕刊に、9月に開店したばかりのお好み焼き屋の記事が写真入りで載っている。昭和12年に開店した浅草染太郎の1年先輩に当たる店だ。

写真には、お好み焼きを焼いている女性4人組が写っている。彼女たちは「お酌」、つまり芸者見習い。芸事の稽古の帰りにこのお好み焼き屋に寄ったそうだ。

〉「チョイと先生、あたしに牛てん」
〉「先生、あたいにはエチオピヤよ」

なぜお酌がお好み焼き屋の主人を「先生」と呼ぶかというと、どうやら写真に写っている割烹着の主人が元作家であるかららしい。脱サラならぬ脱作家でお好み焼き屋を始めたそうだ。

後に述べるが昭和10年以降第二次お好み焼き屋ブームが巻き起こっており、時流に乗ろうと転業したのだろう。

このエチオピア（エチオピヤ）、昭和58年発行の「染太郎の世界」にその内容が解説されている。染太郎のメニューにはないが、あんこ巻を注文して作る応用メニューらしい。

あんこ巻は小麦粉の生地を焼いて、その生地であんこを包んだものだが、エチオピアでは焼く前に小麦粉とあんこを混ぜて褐色の液体にする。おそらく焼きあがった色がエチオピアの人の肌色に似ているので、その名がついたのであろう。「染太郎の世界」には〝エチオピア皇太子と日本女性とのラブロマンスがきっかけ〟とあるが、これは昭和6年に来日したエチオピア使節団の中にいた王子のひとりが、日本人との結婚を望み、華族の娘がお輿入れする計画があった件のことだろう。

エチオピアの作り方

つまりエチオピアとは、昭和6年の時事ネタをお好み焼きに反映させたものなのである。後に説明する「三原焼」も時事ネタだが、こういう時事ネタを取り込むあたりに、お好み焼きの遊戯としての性質がよくあらわれている。

このエチオピアは、黒んぼとも呼ばれた。

〉それと餡この黒んぼなんておいしかった。黒んぼはメリケン粉にあんこを入れたもの。それを混ぜて焼いて蜜をかける（近代庶民生活誌18　下町　南博編集代表）

これは大正6年浅草千束町生まれの井上滝子の証言。時系列としては黒んぼのほうが先で、昭和6年以降エチオピアの別名がついたのではなかろうか。

この、小麦粉と餡こを混ぜて焼く方式は、駄菓子屋の文字焼にも存在した。

〉わたしは年中駄菓子屋にいってましたよ。そこでもんじゃ焼きを焼いていたの。一銭でこのくらいの丼にうどん粉といたのを入れて、まるいあんこを入れて自分で巻いて食べるの。まぜた方がよい人はうどん粉にまぜて焼くの（江東ふるさと文庫2　古老が語る江東区の祭りと縁日）。

ひょっとするとこのエチオピア＝黒んぼ、お好み焼きが駄菓子屋の文字焼をまねて作ったメニューなのかもしれない。

3 お好み焼きの歴史（概要）

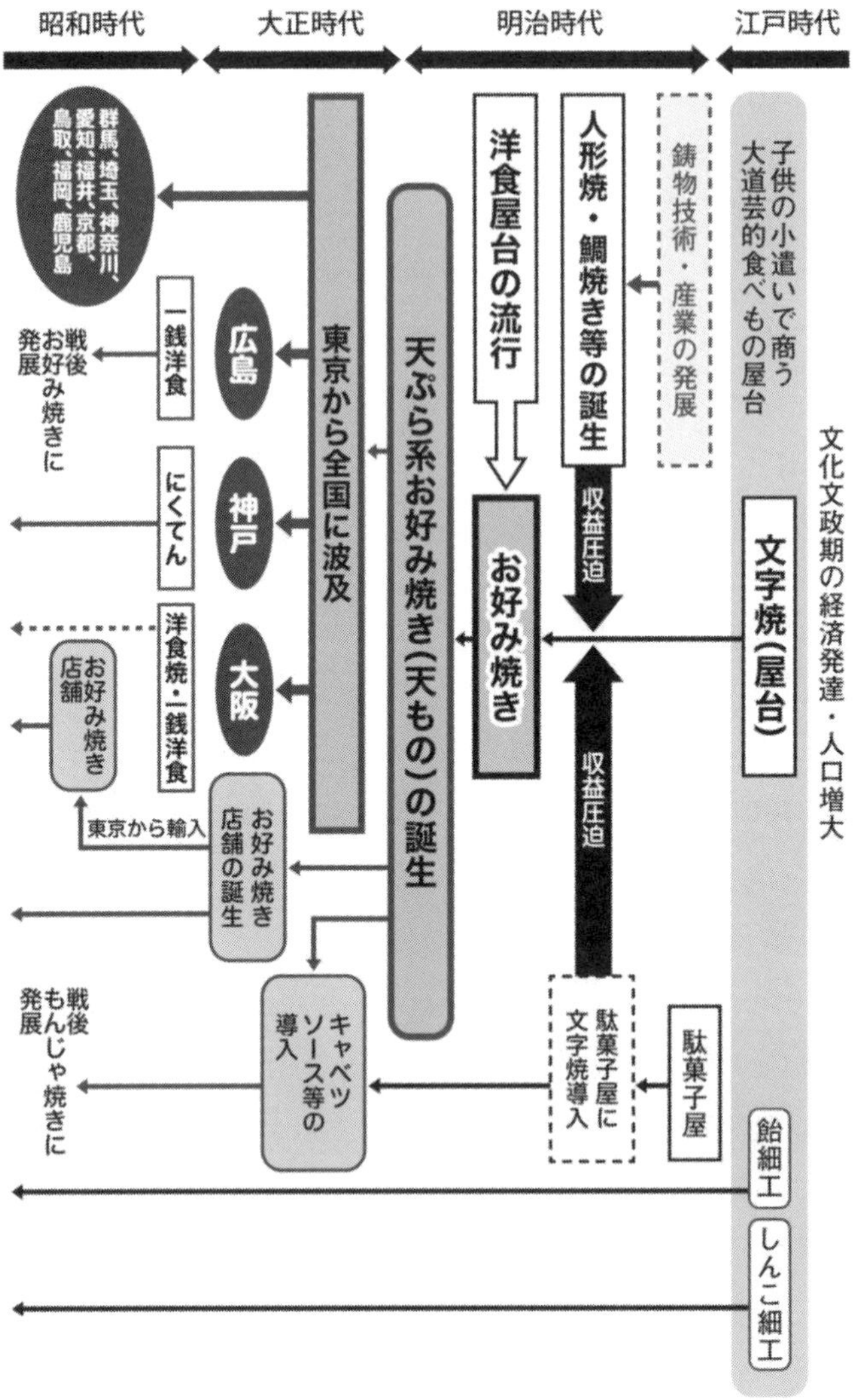

江戸時代、貨幣経済の発達に伴い、江戸などの都市部に、自分の意志で使うことのできる定期的収入を持った子供が出現した。お小遣いの発生である。

文化文政期に、バブル期とも言える好景気とともに、平成期まで続く長期の人口増加現象が開始される。それとともに、子供の数も長期的に増え続けることとなる。

子供の数の増加により、人口密度の高い都会において、子どもの小遣いだけで生計を立てる、大道芸的な食べもの屋台が生まれる。

すなわち、食物で花鳥草木の形態模写を行う飴細工、しんこ細工、文字焼の誕生である。ただし、この三者のうち文字焼は江戸でのみ確認されている。

明治時代半ばから、産業構造の変化により人口が都市部に集中するようになる。人口増を背景に飴細工、しんこ細工、文字焼などの商売も継続して栄える。

明治期に駄菓子屋が文字焼をとりこみ、火鉢に焼板を載せ子供に文字焼を焼かせる商売を始める。ここに文字焼は、職人が高度な技術を披露し形態模写を行うとともに、子供にも焼かせる屋台文字焼と、子供が自分で焼くだけの駄菓子屋文字焼に別れる。前者が後のお好み焼き＝どんどん焼であり、後者がもんじゃ焼きの先祖となる。

飴細工、しんこ細工、駄菓子屋の文字焼は大正期以降も存続するが、職人が焼く屋台文字焼だけが、明治末に看板をお好み焼きに書き換え、形態模写から料理の模写へとその内容を変える。その原因と前提条件は次の５点。

①駄菓子屋が文字焼を取り入れ、商売がたきとなり、屋台文字焼の顧客を奪った。

②西洋の技術を取り入れた鋳鉄産業の発展により、鋳鉄製の焼型で露天商人が人形焼、鯛焼き、亀の子焼などの焼き菓子を作るようになる。これらは屋台文字焼の主力商品と競合するようになった。
③東京では明治30年代から洋食の大衆化が、大正時代に中華料理の大衆化が進み、食事メニューの多様性が大きく広がった。
④特に屋台で洋食を提供する洋食屋台が明治30年以降の東京で流行となり、文字焼がソースを使った洋食のパロディ料理＝お好み焼きに舵を切るきっかけとなった。
⑤西洋の技術を取り入れた製鉄鋳鉄産業の発展により、小麦粉を焼くための焼板が従来の銅板から鉄板となり、油を使った多彩な料理が可能となった。

鉄板の特性、高い蓄熱性と油とのなじみやすさをいかし、洋食や中華といった子供のあこがれの新メニューをパロディ料理として実現する、お好み焼きという業態が文字焼に交代する形で誕生した。

明治末期-大正初期に、60種以上のお好み焼きの中から、牛天、えび天、いか天などの天ぷら系お好み焼き＝天ものが大ヒットし、今日のお好み焼きの基礎を作る。

東京では大人が店舗でお好み焼きを焼くようになり、第一次お好み焼き屋ブームが起きる。また、具材といえばせいぜい黒蜜かアンコしかなかった駄菓子屋文字焼に天ぷら系お好み焼き＝天ものが導入され、ソースやキャベツ、干しエビ、スルメ、牛肉といった具材が加わる。

大正半ばから昭和初期にかけて、天ぷら系お好み焼き＝天ものが全国に伝播する。現在群馬、埼玉、神奈川、愛知、福井、京都、大阪、兵庫、鳥取、広島、福岡、鹿児島への伝播が確認されている。

当時天ぷらは東京ローカルの料理であり、特に西日本では天ぷらといえば魚肉のすり身の油揚げ、現在のさつまあげを意味していた。そのため、天ぷら系お好み焼きは一銭洋食、洋食焼などの名前に改名される。神戸だけが、東京風の「にくてん」の名前を継いだ。

鉄板+油+ソースというお好み焼きの基本フォーマットに、中華そばが加わり、大正末期にソース焼きそばが生まれた。ソース焼きそばは専用屋台、店舗形式のお好み焼き屋、駄菓子屋の文字焼へと広がったが、戦前は東京以外には広がらなかった

昭和初期に神戸で店舗形式のにくてん屋が生まれる。昭和10年頃に広島で一銭洋食の店舗が生まれる。

昭和10年前後に、東京で第二次お好み焼き屋ブームが起きる。この店舗形式のお好み焼き屋は、東京以外では大阪にのみ伝播し、これ以降大阪では屋台は洋食焼・一銭洋食、店舗は東京風にお好み焼きと呼び分けるようになる。

昭和10年代以降、日中戦争が激化。配給統制法、食糧管理法が施行され、食糧事情は悪化。お好み焼きの食文化は終戦まで一時休眠状態となる。

4　文字焼の誕生

いつ〝小遣い〟は発生したか

日本の歴史上、小遣いが発生したのは、すなわち子供が自分の意志で自由に使える現金を持ち、買い食いをするようになったのは、いつごろからなのだろうか。

明和4年（1767年）の川柳に、駄菓子を詠んだ歌2首が登場する（江戸の生業事典　渡辺信一郎）。

〉駄菓子屋はなんぞというとけしをかけ

〉町はづれ駄菓子にたかる抜け参り

まず1首目から、駄菓子屋という商売が成立していたことがわかる。駄菓子にかけられている芥子（けし）の実と、駄菓子屋が客が買うように〝けしかける〟をかけた句である。

2首目の駄菓子の顧客は、子供である。というのも、抜け参りとは奉公人が主人に無断で、あるいは子供が親に無断で伊勢参りに出かけることで、基本的には子どもの所業であったからだ。

だが、はたしてそれが子供の小遣いによる買い物であったのかはわからない。抜け参りは路銀を寄付にたよりながらの旅なので、思わぬ喜捨＝臨時収入をもらって駄菓子を買ったのかもしれない。

あるいは、駄菓子屋が駄菓子をタダでふるまったのかもしれない。

享和元年（１８０１年）序の十偏舎一九の青楼夜話色講釈に〝安菓子（だがし）〟という表現が登場するが、それがどのようなもので誰が買ったかのかはわからない。

子供が小遣いをもち、その小遣い目当ての商売が成り立つようになったと確実に言える時期は、文化文政期（１８０４年-１８３０年）である。

江戸における様々な職人、仕事人を描いた鍬形蕙斎（北尾政美）の職人尽絵詞は、文化３年（１８０６年）の作と推測されている（近世職人尽絵詞：江戸の職人と風俗を読み解く　大高洋司、小島道裕、大久保純一編）。

この職人尽絵詞に、飴売りの絵が出てくる（下の絵）。

店の前、右下にいるのはおそらく子供の客。親のつきそいがないことから子供が自分の小遣いで飴を買っている可能性がある。

職人尽絵詞より飴売　鍬形蕙斎　国会図書館所蔵

こちらはもっとはっきりと、親のつきそいのない子供が自分で購入していることがわかる絵である(下の絵)。

髭の男が杓子を使い、白い液体で鯛と思われる魚を線画風に描いている。鳥居のように組まれた棒の下には、完成品である宝船と魚の作品がぶら下がっている。子供の一人はその作品をもっており、かたわらに親がいないことから自分の小遣いで買ったことがわかる。

職人尽絵詞には

〈焼鍋の席画は手際のやすらかなる

と記述されているので、この髭の男の職業は焼鍋と呼ばれていたらしい。おそらく、これが後に文字焼と呼ばれるようになる職業と思われる。

こちら(次ページの絵)は葛飾北斎の北斎漫画(文化11年＝1814年)における文字焼の絵。といっても北斎漫画には作者の注釈がないので、実際に文

職人尽絵詞より焼鍋　鍬形蕙斎　国会図書館所蔵

字焼と呼ばれていたかは不明である。ひょっとすると当時は焼鍋とよばれていたのかもしれない。

〝文字焼〟の言葉が現れるのは北斎漫画初版からしばらくたってからである。柳多留九十四（文政10年＝1827年）におさめられている「杓子ほど筆では書けぬ文字焼屋」の句が、現在のところ文字焼という言葉の最も古い記録である。

ちなみに、江戸＝東京においては文字焼は〝もじやき〟とは読まない。〝もんじやき〟あるいは〝もんじゃき〟と発音する。現在の東京の〝もんじゃ焼き〟の遠い先祖ではあるが、似ているのは発音ぐらいで、その実態はだいぶ異なる。

北斎漫画　葛飾北斎　国会図書館所蔵

食文化が花開いた文化文政期という時代

文化文政期に子供が小遣いをもち、その小遣い目当てに文字焼（焼鍋）という商売が成り立つようになった。

なぜ文化文政期なのか。その理由として、この時期を特徴づける二つの事象がある。

一つ目は、いわゆる化政文化という、江戸の町人を中心とした大衆文化がこの時期に花開いたことである。この化政文化、歌舞伎や浮世絵だけでなく、外食文化へも波及していた。

〉特に化政期の料理文化には、良くも悪しくも日本料理が、鎖国という状況下のなかで社会的な広がりをもち、遊びの精神を遺憾なく発揮して贅を尽くし、爛熟の極みにあったという特徴がある（和食と日本文化　原田信夫）。

ここで原田が指摘する料理文化とは、主に八百膳のような料理茶屋、現在で言う高級料亭を指すのだが、握り寿司が生まれたのが文政期であるように、大衆的な食文化もこの時期に花開いた。

文政６年（１８２３年）に書かれた羽沢随筆には、次のように書かれている。

わずかここ2、30年で江戸に食事を提供する店が多くなった。

世の中がおごり豪華になり、辺鄙な場所にまで食物を売る店ができた。

江戸市中には食物を売り歩くものが多く、三度の食事も煮炊き不要になった。

我々がイメージする〝食文化豊かな江戸〟というのは、文化文政期以降の江戸のイメージなのである。

文字焼（焼鍋）のような遊び心のある食文化が子供まで広がった背景には、この文化文政期の食文化の爛熟、という現象があったのかもしれない。

文政期には、もう一つの特徴があった　その後1億3000万人にまで達する日本の人口増加が始まったのが、この時期なのだ。

一般に、江戸時代後期に停滞していた日本の人口は、明治時代以降の工業化で増加に向かったと思われている。しかし、「人口から読む日本の歴史」（鬼頭宏）によると、人口の増加は明治維新より50年遡った、1820年代（文政期）に始まったというのだ。

鬼頭によると、〝人口増加の第四の波〟が1820年代から始まった理由は、天保の飢饉を除きこの時期凶作疫病がなかったこと、天保の飢饉の打撃も短期間に回復したこと、文政の改鋳により経済が発展したことなどがあげられるという。

人口が増えるということは、子供の数が増え続けるということである。こうして人口増加に伴う子供市場の拡大が続くこととなり、文字焼のような子供の懐をあてにした商売も、拡大し続けることとなるのである。

駄菓子文化の発生と発展

喜田川守貞による守貞漫稿は、江戸、大坂、京都の衣食住の風俗を百科事典的に網羅し記述したものである。天保8年に記述が開始された守貞漫稿は、1830年代から幕末までの都市部の風俗を知るための貴重な資料となっている。

守貞漫稿を読むかぎり、子供の小遣いを目当てにした食物商売は、文化文政期以降も順調に発展していたようだ。例えば、駄菓子に関しては以下のように記述されている。

〉又常に麁菓子一つ價四文なる物を賣る故に江戸の俗麁菓子を號して番太郎菓子と云京坂に云駄菓子也（類聚近世風俗志　原名守貞漫稿　上　喜田川季荘）

江戸では町々の木戸に、警備のための現代でいう守衛の詰め所（番屋、番小屋）が設置されており、そこにつめている警備員を番太郎と言った。番太郎は本業だけでは生計が立てられなかったのか、冬には焼芋を売るなどの副業を兼業していた。その副業の中に、麁（あら）菓子、京都大坂でいう駄菓子の販売が含まれていたのである。

ちなみに、京都大坂で駄菓子をどういう形態で売っていたのかは不明である。

麁菓子＝駄菓子は四文とあるが、清水晴風の街の姿によると幕末の文字焼の値段も〃四文より商ふ〃とあるので、その頃の子供が小遣いで買える食べものの相場というのは四文ぐらいであったようだ。

守貞漫稿には、柳田国男がお好み焼きとの比較対象として提示した、飴細工としんこ（新粉）細工も登場する（次ページの絵）。

再度説明すると、飴細工とは現代の祭り屋台でも時折見ることのできる飴細工と同じ、温かく柔らかいさらし飴で様々な形態模写をする大道芸的食物屋台、しんこ細工は米粉をふかした餅を使って、飴細工のような細工をする商売である。

いずれも〃三都とも相似たり〃との注釈がそえられており、江戸、京都、大坂いずれも同じような形態で商っていたことがわかる。

ところが、守貞漫稿には文字焼は出てこない。

江戸時代の形態模写クッキー、文字焼

守貞漫稿が書かれた時期、1830年代から幕末までの江戸にも、文字焼は存在したことはあきらかだ。それは、明治時代に出版された資料のいくつかに、江戸時代の文字焼屋台が描かれていることからもわかる。

その資料の一つが、前出の清水晴風が描いた「街の姿」や「世渡風俗圖會」だ。

嘉永4年（1851年）、神田の生まれである郷土玩具研究者清水晴風は、明治維新時には17歳。彼が記憶をもとに書いた江戸時代の文字焼屋台は、幕末の江戸の資料として信憑性のあるものである。

守貞漫稿より飴細工
国会図書館所蔵

守貞漫稿よりしんこ（新粉）細工
国会図書館所蔵

「街の姿」で清水晴風は次のように文字焼屋台を描写している。

〈文字焼ハ、うどんの粉にみつを入て容解せしを子供に宛へ、小なるさじにて文字を書が如く、自由に銅板の上にたらせバ、直に焼るを以て文字焼と云。四文より商ふ。子供等も三人寄れバ文字焼、智恵も進ミて亀の子を焼（街の姿　清水晴風）

これは文字焼の原材料についての最古の資料だ。小麦粉に黒蜜（黒砂糖を水に溶かして加熱したもの。みつ豆の蜜に同じ）を入れて混ぜたものを焼いたというのだから、クッキーあるいは瓦煎餅のような甘いものであったらしい。

鹿島万兵衛は清水晴風の2歳年上の実業家。嘉永2年（1849年）江戸堀江町（現在の日本橋）に生まれた鹿島万兵衛は、大正11年に幕末から明治初期の江戸＝東京の風景を回想した「江戸の夕栄」を出版した。その中で鹿島は文字焼にふれている。

〈外（ほか）に縁日に多く出る商ひ物は（著者注　この部分中略）飴細工、新粉細工、文字焼（江戸の夕栄　鹿島万兵衛）

と、よく似た商売である飴細工、しんこ細工、文字焼が並んで記述されている。

風俗画報は、江戸や明治の風俗についての月刊誌だが、その85号（明治28年4月発行）に〝市中世渡り種〟として、江戸時代の様々な職業がイラスト入りで描かれている。

〉文字焼（もじやき）　この商人は香具師（やし）の一種にて原料は饂飩粉に砂糖を加味して銅板（どういた）の上にて圖の柄杓にて文字の形なり或は鳥獣草木なり心の儘に焼なり此者らの出る場所は神佛の縁日又市街辻々に荷を下して子供を集む又子供らにも焼種を賣て焼すされは子供らはここに群来たりしばしの遊所とするなり

清水晴風の「街の姿」と同じく、文字焼は砂糖と小麦粉を水に溶いて焼いた甘いクッキーのようなものであった。

また、焼板に使われていた金属が銅であったことがわかる。これが鉄板に変わったのは文字焼がお好み焼きに変身してからなのだが、これについては後に詳述する。

画家の伊藤晴雨は明治15年生まれ。伊藤が書いた「江戸と東京風俗野史」には「寿」の文字の文字焼、亀の形の文字焼が描かれており、横に〃文字をかく故文字焼とよぶ〃と書かれている。

伊藤晴雨の文字焼の絵には〃頭にカミコヨリ〃との注釈がついている。こよりとは、紙をよって編み上げた紐のことで、紙が原料でありながら結構丈夫な紐を作ることができる。

どうやら文字焼においては、焼き上げる際に紙のこよりを接着することで、手で持つ際の「取っ手」、あるいは屋台に見本としてぶら下げるための紐としたらしい。

冒頭に取り上げた、読売新聞大正7年3月24日朝刊のお好み焼き屋台の記事にも、こう書いてあった。

〈焼板の上を布巾でちょいと撫で、ニューム（著者注　アルミニウムのこと）の杓子一本で無造作に龜の子を一ぴき作上げ、挟んだ小撚（こより）で吊るし上げて「ハイお待遠さま。」

亀は文字焼がお好み焼きになってもしばらくはお好み焼きのメニューに残っていた。そして、〃挟んだ小撚（こより）で吊るし上げ〃とあるように、紙のこよりで取っ手をつける伝統も、受け継がれていた。

明治末にお好み焼きに業態転換した文字焼屋台は、大正時代以降はほぼ資料から消え失せてしまう。お好み焼きのメニューに引き継がれた亀や籠の鳥なども、次第に消えていってしまった。

現在残っている文字焼の最後の記録は、昭和7年から20年までの東京深川の情景を描いた森川直司の「裏町の唄」における次の描写である。

〈何という名称だったか忘れたのか、はじめから名前などついていなかったのかわからないが、うどん粉に砂糖と卵を入れてといたものを、熱した鉄板の上に片口でたらしながら、注文に応じて、動物の絵などをかき、固まったら持ちやすいように、端しをこよりで結んでくれた。子供はこれを、思い思いの場所から食べていくのだ（裏町の唄　森川直司）

１００年以上続いた文字焼も、もはや名前すら忘れ去られてしまっている。ただ、動物の絵を描くこと、甘いクッキーのような味、紙のこよりで取っ手をつける伝統のみは、まだ残存していたようだ。

さて、繰り返しになるが、今まで提示してきた江戸時代の文字焼の資料は、職人尽絵詞も、北斎漫画も、柳多留の川柳も、全て江戸に関するものである。明治期に江戸時代の文字焼を回想して描かれた資料も、全て江戸に関するものであり、京都や大坂のものは見つかっていない。

今のところ、文字焼は江戸ローカルの食べものであった、と考えてよいのではないかと思う。そして明治以降も、ほぼすべての文字焼の資料は、東京にのみ出現するのである。

［コラム］「麩の焼き」起源説の間違い

お好み焼きは、麩の焼にその起源があるという俗説がある。これはまず、根拠のない間違った説と考えてよい。

食文化研究家の小柳輝一も「たべもの文化誌」において麩の焼起源説に疑問を投げかけているが、そもそも誰が何を根拠に述べた説であるか、いつからこの説が存在するのか、明らかではないのだ。少なくとも私が収集した江戸時代から戦前までの資料に、文字焼が麩の焼から生じたと記述する文献は見出すことができなかった。

現在収集された資料の中では、戦後の昭和33年に刊行された平凡社の飲食事典が、お好み焼き麩の焼き起源説をとなえた最古の資料である。

その内容はというと、ほぼ全ての知識および記述が間違ってると言ってよい。これからその一つ一つを検証してみる。

〉起源は江戸後期の雑菓子「麩の焼」あたりから発したらしく、もと春秋の仏事用として焼いたのが、商品となって「ふのやき」とよばれたのは、精進料理用の焼麩と区別するためだったという（飲食事典）

まず麩の焼を〝江戸後期の雑菓子〟（注　雑菓子とは駄菓子のこと）としている時点で間違いである。

麩の焼は日葡辞書や利休百会記にも出てくる、戦国時代末には存在した菓子。その後雍州府志（1684）、古今名物御菓子秘伝抄（1718年）、水の富貴寄（1778年）にも出てくる、伝統ある京の銘菓だ。水の富貴寄によると東寺名物だったそうで、〝江戸後期の雑菓子〟などではない。

飲食事典は続けて

〈小麦粉を水溶きして焼鍋に薄く流して焼いた片面に味噌を塗って巻いたのがはじまりで、後に練餡を詰めるようになってからは京阪では「銀つば」、江戸に移って「金つば」とよばれた（飲食事典）。

と書いているが、この部分は元ネタである喜多村信節の嬉遊笑覧（1830年）を誤読している。嬉遊笑覧によると「銀つば」の起源は麩の焼ではなく、雍州府志にいう「焼餅」である。一方「金つば」は麩の焼と銀つばを取り混ぜて作ったものとある。

銀つばは練餡に米粉をつけて焼鍋で焼いたものだが、金つばは現在のきんつばと同じ、小麦粉を練餡につけて焼いたもの。文字焼とは似ても似つかないものだ。

〈明治年間河竹黙阿弥作の『水戸黄門記』に出る麹町名物の「助惣焼」というのもこの類であったが明治以降一部の駄菓子屋に還元されて「文字（もんじ）焼」と名づけ、鉄盤と小麦粉の溶液とを備えて集まりくる童幼の思うままに焼かせたのは、大正一二（一九二三）年関東大震災の不如意時代に簡易な捕食の意味で流行し、甘味のほかに塩味も応用して「お好焼」と名づけ、魚菜その他の肉類にも配合するようになった（飲食事典）。

助惣焼はもともと「助惣ふのやき」と呼ばれたもので、京の麩の焼がその由来である。17世紀成立の江戸総鹿子、江戸名物詩（１８３６年）、守貞謾稿（19世紀半ば成立）に江戸名物として取り上げられている伝統ある江戸の銘菓であって、駄菓子ではない。

どうも飲食事典の著者は、助惣焼が駄菓子だという間違った思い込みがあるようなのだ。そして、駄菓子の助惣焼が明治時代に駄菓子屋で文字焼になったと信じているらしい。

事実はというと、助惣焼は江戸の伝統ある銘菓であり駄菓子ではない。さらにいうと、文字焼は明治期の駄菓子屋ではなく、文化文政期の屋台で大道芸として生まれた。

喜多村信節が嬉遊笑覧を書いたころにはすでに文字焼が存在していたが、信節は麩の焼と文字焼を結びつけて考えてはいない。かたや京都由来の伝統ある銘菓、かたや子供相手の大道商売。まったく別物なのである。

というわけで、お好み焼き麩の焼起源説は、飲食事典の著者が間違った知識と思い込みで創作した間違った仮説、というよりはデマといってよいだろう。

5　なんと立体だった？　明治時代の文字焼

江戸時代の文字焼のおさらい

明治時代の文字焼について説明する前に、江戸時代の文字焼についておさらいしておく。

小麦粉に砂糖あるいは蜜を混ぜて焼いた薄く甘いクッキー状の菓子である。

魚、亀、宝船などの形態を模写したり、寿のような文字を作って焼く。

車輪のない担ぎ屋台での商売である。店舗形式ではない。

値段は幕末の場合４文から。

職人が焼くだけでなく、子供が自分で焼くようにもなった。

最後の項目については若干追加説明が必要だろう。

19世紀初頭の、鍬形蕙斎（北尾政美）が描いた焼鍋屋台の絵（下の絵）を見ると、鍋は職人の方をむ

職人尽絵詞より焼鍋　鍬形蕙斎　国会図書館所蔵

いており、子供たちは飾られた完成品を買っている事がわかる。この配置は北斎漫画も同じだ。

　そして魚や宝船は、二次元の描画のように見える。絵を描いている感覚に近い。

　ところが幕末の文字焼屋台を描いた清水晴風の絵（下の絵）を見ると、焼板は子供の方をむいており、文字焼職人の老人は何もしないでただ座っているだけだ。そして、焼板のまわりには湯呑みのようなものとへがし（ヘラ）が散らばっている。

　同じ清水晴風の「街の姿」における文字焼の説明では。


〉文字焼ハ、うどんの粉にみつを入て容解せしを子供に宛へ、小なるさじにて文字を書が如く、自由に銅板の上にたらせバ、直に焼るを以て文字焼と云。四文より商ふ。子供等も三人寄れバ文字焼、智恵も進ミて亀の子を焼（街の姿　清水晴風）

世渡風俗圖會より文字焼　清水晴風
国会図書館所蔵

となっており、子どもたちが自分で焼いて遊んでいたことがわかる。川柳の「文字焼の鯛も焼物子の料理」からも、「子の料理」つまり子供が鯛を焼いていたことがわかる。

また、職人が作った製品のうち、親亀に子亀が乗っている製品を見ると、三次元の立体的造形をしているように思える。下段にぶら下がっている網目状のものは、もし、後述するような籠の鳥であるならば、やはり立体的な造形であると考えられる。

つまり、文字焼職人の腕が上達し、19世紀初めの二次元の〝絵画〟から、三次元の立体物へと製品が進化したように思えるのだ。

明治時代になると、この三次元化、立体化の傾向はさらに明確になる。

明治時代の文字焼―二次元から三次元の立体へ

■亀

まず、文字焼の〝亀〟についての証言をひろってみよう。

〈文字焼は駄菓子屋の店先にあつたばかりではない。別に車を引いて賣りに來るのがあつた。これは飴細工やしんこ細工と同じく、註文に應じて何かを焼いてくれるのである(柴田宵曲文集第五巻　明治の話題)。

〉例へば先づ細い線で龜の甲の輪郭を描き、その上から甲の全體に當る溶液を流すと、前の輪郭は少し焦げてゐるからはつきりする。それに餡を入れて兩面から焼いたやうな氣がする（柴田宵曲文集第五巻　明治の話題）。

〉駄菓子屋の店先のは片端から焼いて食ふだけのものであつたが、この方は細工人があるだけに若干の意匠がある。文字焼の稱は細工人のある方に冠せられるべきものかも知れぬ（柴田宵曲文集第五巻　明治の話題）。

　これは明治30年生まれの歌人、柴田宵曲が描いた文字焼の屋台である。生年からして、明治30年代後半の描写かと思われる。ちなみに、

〉文字焼の名はいつか遺却され、お好み焼へと名を變へて存在してゐる（柴田宵曲文集第五巻　明治の話題）。

という風に、明治30年生まれの柴田はどんどん焼という言葉を使わず正式名のお好み焼きという言葉を使う。そして、文字焼がお好み焼きに名を変えたと証言する。

　さて、文字焼の亀であるが、〃先づ細い線で龜の甲の輪郭を描き、その上から甲の全體に當る溶液を流すと、前の輪郭は少し焦げてゐるからはつきりする〃とあるので、現代でいうパンケーキアートに近いものだと思われる。ただし、

〉それに餡を入れて兩面から焼いたやうな氣がする（柴田宵曲文集第五巻　明治の話題）。

とあるので、鯛焼きのような餡入りの立体物だったようだ。

■鯛

鯛といえば、江戸時代から継続する形で、明治時代の文字焼にも鯛が存在した。

〉細工人は細き口のブリキ土瓶か片口付きの大匙、又は油差しなどを用いて細線を初めに画いて、軍人、鯛、潮吹き、などを作る、又これらの線画きをして、やや焦げ色のつく頃、色つけをした溶液（うどんこに食用紅を入れて桃色状にしたもの、又は黄色状のものもあり）などで塗りつぶして焼く、こうして出来上ったものは焦色と薄色との調和が面白く出来て、文字焼の真味はこれにある（郷土史東京第三巻6号　東京回顧十四　宮尾しげを）。

柴田宵曲の亀がモノクロだったのに対し、こちらの鯛は桃色や黄色を使ったカラフルな鯛である。立体物ではなく、平面のようだ。

■籠の鳥

さて、先程の世渡風俗圖會の、幕末の文字焼屋台であるが、下段真ん中に二つ並んで吊り下がっている網目状のものがある。これらは籠の鳥ではないかと思われる（右下の絵）。

こちら（左下の絵）は、漫画家で風俗研究家でもある宮尾しげを（明治35年生まれ）が描いた、明治時代の文字焼の籠の鳥。

〝二寸位の高さのアミ状を焼き、丸めて籠として中に干菓子の鳥を入れてある。いずれも糸につけ、竹枝に吊るして持って歩けるようにしてある　（郷土史東京第三巻６号　東京回顧十四　宮尾しげを）。

立体物、三次元である上に、糸で吊っても壊れない強固な構造をしている。小麦粉を水で溶き、焼板で焼くだけでこういった構造物を作り上げ

郷土史東京第三巻6号
東京回顧十四　宮尾しげを

世渡風俗圖會　清水晴風　国会図書館所蔵

るのだから、当時の文字焼の技術が非常に高かったことがわかる。

後に述べるように、明治時代末から屋台の文字焼職人はお好み焼きに看板を変えて転業していった。昭和のはじめには屋台の文字焼はほぼ資料に現れなくなった。三次元の物体を水溶き小麦粉だけで作成するこのような高度な技術は、おそらく戦前には既に失われており、現在の我々には、どうやってこのような造形が可能になったのかその秘密を知りようがないのだ。

この籠の鳥、おそらくお好み焼きにも引き継がれていったと思われる。冒頭に取り上げた、昭和3年に上演された演劇掏摸（すり）の家に〝鳥と籠〟が登場しているからだ。

■おはち

同様の立体物に、〝おはち〟と〝おかしわ〟いうものがある。

まず〝おはち〟（下の絵）であるが、その意味は炊いたご飯を格納する木製の容器のことで、飯びつ、おひつともいう。

＞又、うどんを主として、四寸高さ位のべい形にして中に餡を入れ、ふた

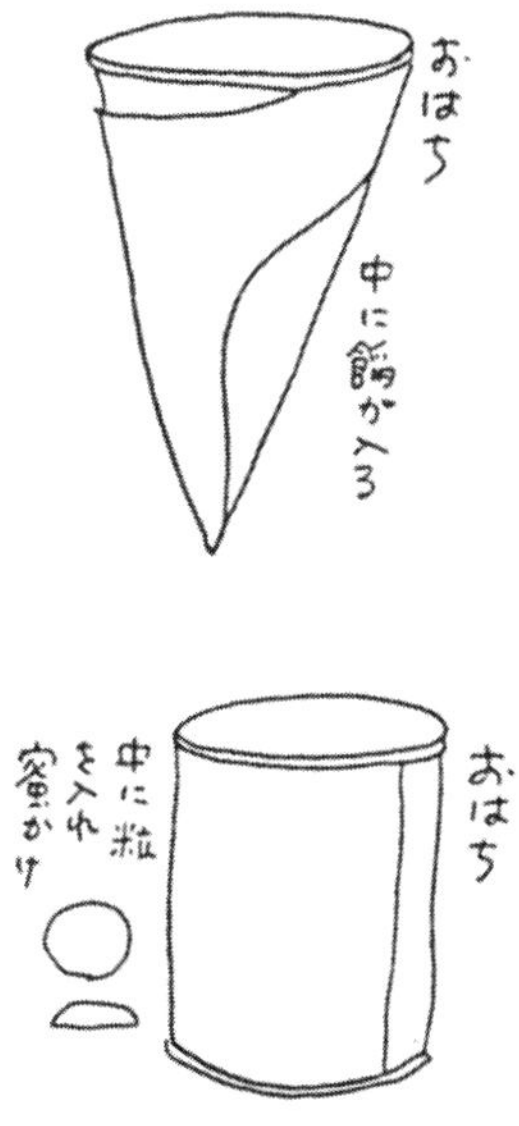

郷土史東京第三巻6号
東京回顧十四　宮尾しげを

をつけ、又は三寸高さくらいの丸筒の中に、点滴を焼いた小粒を一ぱい入れて、蜜をかけて竹楊子を添えた「おはち」というもの（郷土史東京第三巻6号　東京回顧十四　宮尾しげを）

二種類のおはちの作り方が描かれているが、前者の〝四寸高さ位のべい形〟の〝べい〟とは、巻き貝のバイ貝のことである。バイ貝のバイが東京風になまると〝べい〟となる。

このバイ貝の殻に砂や粘土を詰め、蝋で蓋をし、コマとして回して遊んだのがベーゴマである。とすると、どう見ても前者の〝おはち〟はベーゴマに見えるのだが、なぜか飯びつを意味するおはちとよばれていたらしい。

後者が飯びつにあたる〝おはち〟であろう。〝点滴を焼いた小粒〟を飯粒に見立て、飯びつに入れるわけである。これに蜜をかけて食べるらしい。

文字焼がお好み焼きにかわっても、おはちはメニューに残っていた。

〈「おはち」はメリケン粉で帯状の細長いものを作り、それを輪っかにして底もメリケン粉で作って、その中に餅を入れたり、餡を入れたり、蜜をかけたりして食べた（近代庶民生活誌18　下町）。

これは大正6年生まれの井上滝子という人の、浅草千束町のお好み焼き屋台の証言。米粒がなくなって、中にあんこや餅を入れるようになっている。

このお好み焼きの〝おはち〟、冒頭に取り上げた小説家池波正太郎のおしるこにそっくりである。

＞「おしるこ」というのを作るんですよ。細長く敷いたベースのメリケン粉の上へ、やはり細長い豆餅をのせ、さらにその上へこし餡をのせて、くるくると巻きあげたのを鋏（はさみ）でチョンチョンと切るわけ。そうしておいて、その入れものまでうどん粉のベースで焼きあげるんですよ。この容器に鋏で切っておいたやつを入れて、その上に黒蜜をたっぷりかけて食べる。五銭からありましたね。（対談／味覚極楽　池波正太郎　完本池波正太郎大成別巻所収）

どうも、時間がたつにつれ、おはちがおしるこへと変化していったらしい。明治41年生まれの植草甚一が、このことを裏づける証言をしている。

＞正ちゃん（著者注　池波正太郎のこと）が小学生の二年生のころ、ぼくは中学校を卒業していた。だから十年ほどの開きがあって、ドンドン焼き屋のメニューに出てくる名前もすこし違ってくる。たとえば正ちゃんに忘れられない「オシルコ」は、ぼくには「おはち」という名前になっている（僕の東京案内　植草甚一）。

■おかしわ

つぎに、おかしわである。

＞　又は三寸丸を二つに折り中に餡を入れたもの、そのまま餡を入れてグルグルと巻いた「おかしわ」

（郷土史東京第三巻6号　東京回顧十四　宮尾しげを）

これは三次元といっても簡易な構造である（下の絵）。

明治31年生まれの銀座の職人、浅野喜一郎によると、明治末の銀座の文字焼屋台には〝お柏〟というメニューがあった。

雑誌文芸界の明治38年1号に文字焼についての記事が載ったが、縁日に出る文字焼屋台のメニューの中に柏餅があった。ちなみにおなじみの亀や鯛の他に、吸物なるメニューもある。

おそらく、〝おかしわ〟は柏餅の形態模写、パロディーであったのだろう。

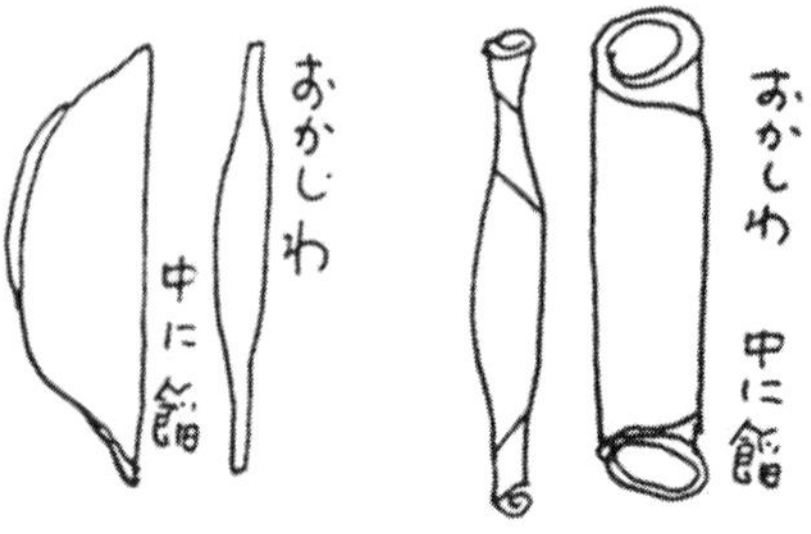

郷土史東京第三巻6号　東京回顧十四　宮尾しげを

このおかしわ、〝あんこ巻〟と名前を変えてお好み焼きや駄菓子屋の文字焼（もんじやき、もんじゃき）に引き継がれ、現在でも浅草染太郎などの老舗お好み焼き屋のメニューに載っている。

染太郎の創業者、崎本はるに捧げられたトリビュート本「染太郎の世界」から、あんこ巻の作り方を抜粋する。

①丸いかたちになるように水どき小麦粉をテッパンに流す
②すばやくスプーンの背でうすく広げながら皮をやく
③さくらもちの皮のようにやけたら、あんこをのせる

④かえして、たたむ

文字焼の〝おかしわ〟とまったく同じだ。

ちなみに、染太郎と同じ昭和12年に開店した、大阪最古のお好み焼き屋と言われた以登屋にも、東京と同じあんまきがあったという。天ぷらのパロディである牛天などの「天もの」以外のお好み焼き、かつ文字焼時代からの歴史のあるメニューが、東京以外に伝播した非常に珍しい例だ。

■焼型

さて、少し話は脇道にそれるが、宮尾しげをの「東京回顧」における文字焼には、金輪（カタ）なるものが出てくる。職人が焼く文字焼ではなく、屋台で子ども自身が焼くときに使う道具だ。

＞子供の焼く方には、真鍮で作った高さ二分位の色々の形にした金輪を鉄板の上に置いて、この中に溶液をたらし込んで、焼けた頃、枠をはずして、はがして蜜をつけて食べる、この真鍮形を、子どもはカタと云ってる　（郷土史東京第三巻6号　東京回顧十四　宮尾しげを）。

つまり焼型である。形を見るかぎり（次ページ右下の絵）、丸、梅の花型、鼓のような型、瓢箪型などがあったようだ。

実はこの金輪＝焼型も、お好み焼きに引き継がれていった。

朝日新聞の昭和13年12月22日朝刊記事に、「新品　一家で楽しむお好み焼」という記事が出ている。

〝家庭用「お好み焼きセット」などが現れるやうになりました〟という文言の下に、その家庭用お好み焼き機の写真が掲載されている。写真が不鮮明なのでよくわからないが、20～30センチ四方の鉄板の下に4本足がついたものがテーブルの上に載せられている。何かダイヤルのようなものが横に、下に電線のようなものがついている。当時の電気調理器具である、「電熱竈（下の写真）」に鉄板を乗せたような形だ。

後に述べるが、東京では昭和10年頃から、第二次お好み焼き屋ブームが起きていた。染太郎はこの第二次ブームにおいて開店した多くの店の一つであるし、大阪の以登屋の開店時期（昭和12年）も、この第二次ブームと一致する。

昭和13年に家庭用お好み焼き機なるものが発売された背景には、この第二次お好み焼きブームがあったのだろう。

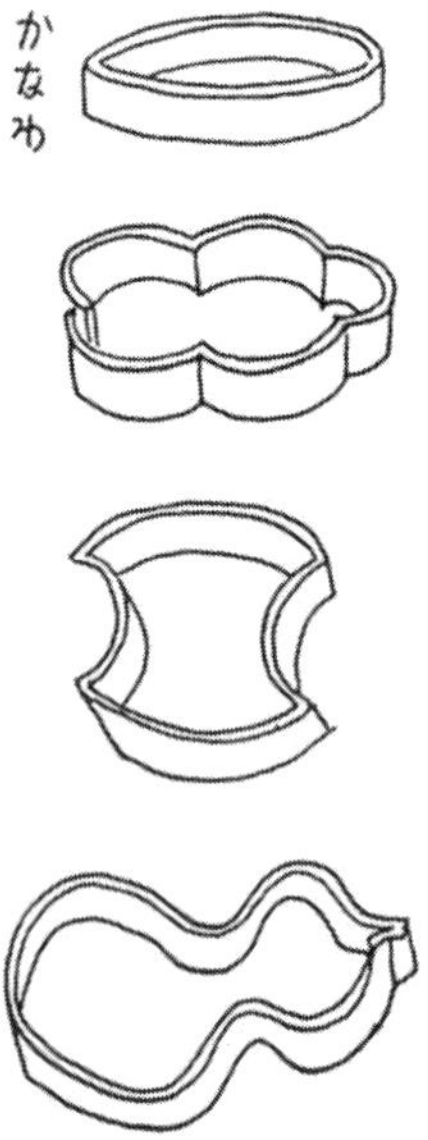

郷土史東京第三巻6号
東京回顧十四　宮尾しげを

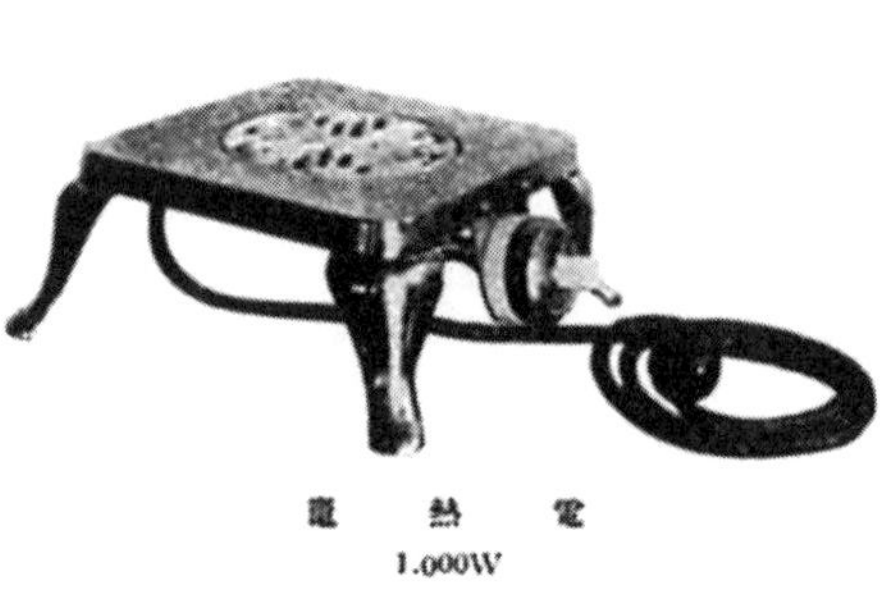

電熱竈　家庭燃料の電化　井上亀之助
国会図書館所蔵

ちなみに、芥川龍之介の妻芥川文は、家庭用お好み焼き機を買って息子の比呂志にお好み焼きを焼いている（母の作品　芥川比呂志　日本の名随筆42　母　所収）。

芥川比呂志は大正9年生まれなので、昭和13年だと、母親にお好み焼きを焼いてもらうという年ではない。おそらく昭和13年以前にも、類似の製品があったのだろう。

さて、朝日新聞の家庭用お好み焼き機記事は次のように続く。

〉鐵板と容器ひっくり返す道具等簡單なもので、兎の型、お人形の型など凝った付属品はありません

ということは、文字焼の焼型とおなじような兎の型やお人形の型が、昭和時代のお好み焼きにも使われていたというわけだ。

■蕎麦・桜餅

文字焼屋台の職人の中でも、名人との評判が高かった藤田タカという女性がいた。

読売新聞明治36年4月30日朝刊に文字焼に関する記事があり、その中で藤田タカのエピソードが語られている。

〉文字焼（もんじやき）にも技量抜群の名人あり。神田區鍋町廿五番地の藤田タカ（四七歳）こそ其人にして

この藤田タカが得意とする文字焼は〝籠入の蕎麦〟らしい。ジャーナリスト横山源之助の「隠逸伝」におけるインタビューの内容からすると、確かに藤田タカは蕎麦を得意としていたらしい。

〈神田鍋町の裏通りに、藤田タカと呼べる、縁日等に出ずる、文字焼の老婦あり、特に麻布長坂の更科蕎麦に擬し、蕎麦切の文字焼は、天下絶品と称せられ、食物通の間に、評判喧し（隠逸伝　横山源之助全集第9巻所収）

ちなみに藤田タカ、老婦といっても数えで49歳、今でいうと47、8歳の若さである。

麻布長坂の更科蕎麦とは現在の更科堀井のことと思われるが、この更科堀井が明治時代半ばに、〝目籠〟というポーチのような小さい竹籠に蕎麦をいれて、土産用に売り出したところ評判になったという。藤田タカの籠入の蕎麦とは、このお土産用目籠入り蕎麦のことであろう。これも高度な技術を必要とする三次元の造形である。

他にも藤田タカは、桜餅や猫を得意としていたそうだ。

〈向島の籠入桜餅の如きも、その手際甚だ巧妙を極め、なほ猫は、此の老婦の十八番なりといふ（隠逸伝　横山源之助全集第9巻所収）。

〝向島の籠入桜餅〟とあるように、向島長命寺の桜餅は現在も、持ち帰り用の籠に入れて販売している。

東京以外の文字焼の事例

江戸時代の文字焼は江戸でのみ確認されており、京都大坂などの江戸以外の場所での文字焼の記録は、今のところ発見されていない。

明治時代になっても、文字焼のほぼすべての記録は東京におけるものである。東京以外でいうと3件のみ、文字焼と思われる事例が存在する。

その一例が、宮本武蔵などの小説で有名な吉川英治である。吉川英治は横浜生まれ。子供の頃の貧乏長屋生活においてモンジヤキを食べているが、その内容についての記述はない。

鍋井克之は、明治21年に大阪で生まれた画家である。鍋井は子供の頃、籠焼きというものを目撃している。

〝うどん粉で細い線の画をかき、こがした上にうどん粉を流して、うら返すと、ちゃんと画ができている。これを籠焼きともいって、籠までうどん粉焼きで造るのである（大阪繁盛記　鍋井克之）。

鍋井によると、歌舞伎役者の實川延二郎も、この籠焼きについて〝あれあれ、私も家の者にかくれてよく買いました〟と証言していたそうだ。鍋井克之と同世代ということは、實川延二郎とは明治10年生まれの二代目實川延若のことであろう。

〝うどん粉で細い線の画をかき、こがした上にうどん粉を流して、うら返すと、ちゃんと画ができている〟ということは、籠焼きとは現代でいうパンケーキアートのようなものだったようだ。東京においても、文字焼のバリエーションとして同じ物があったことは、「亀」の項で説明した。

明治43年に大阪で発行された無資本実行の最新実業成功法（実業力行会 編）に、文字焼の起業指南が書かれている。

実はこの部分、先程取りあげた、文字焼名人藤田タカについて書かれていた読売新聞明治36年4月30日朝刊記事のコピーなのだが、大阪向けに冒頭部分に改定を加えている。

>文字焼とは関東の稱呼（となへ）にして、落し焼といふのは關西にて稱する言葉なり、いづれにしてもその意は同じといへども、その起源は文字焼なるが如し

文字焼と同じ「落し焼」という商売があったようなのだが、詳細は不明である。

東京以外での明治・大正時代の文字焼についての証言はこの3件のみなのだが、昭和になると2件ほど、類似の事例が出てくる。

>わたしらが「絵焼き」とよんでいた洋食焼きもありました。鉄板に青とか赤とか黄色の色付きのメリケン粉で絵を描いて、その上へ白いメリケン粉を溶いたものを流すんです。で、焼けたところでひっくりかえすと、表に絵の描いてある洋食焼きができるんです　（あんけら荘夜話　桂文枝）。

これは昭和5年生まれの五代目桂文枝の、子供の頃の「絵焼き」の思い出である。明治時代の東京にも、色付きの小麦粉を使った同じような文字焼があったことは、「鯛」の項で説明した。

もう1件は、京都祇園の造り酒屋に生まれた秋山十三子の思い出にでてくる一銭洋食である。秋山の生年は不詳だが、昭和6年に誕生した漫画キャラクターの〝のらくろ〟が登場していることから、五代目桂文枝と同じく昭和10年前後の話であろう。

〉同じうどん粉焼きでも、カゴノトリというのは、汁を片口か、やかんに入れ、鉄板の上に細く落として絵をかいた。釣り鐘型の鳥かごに、止り木をかいて、大きな口をあけて鳴いている小鳥の図が豪華版で五銭。ノラクロ、軍艦、ツツミなどがたしか一銭やった　(京の女ごよみ：あんなあへえ)。

東京の籠の鳥は立体であったが、京都のカゴノトリは〝小鳥の図〟とあるので、二次元の絵画様のものであった。

文字焼あるいは文字焼に似た戦前の事例は、東京以外では以上の5件のみがみつかっている。件数があまりに少ないため、これらが東京から伝わったのか、あるいは独自に生み出されたものなのか、その考察を行うことは無理かと思われる。

お好み焼きへの胎動　担ぎ屋台から車屋台に

さて、ここまで明治時代の文字焼について見てきたが、江戸時代のそれと比較すると、いくつかの変化が生じてきたことがわかる。

一つめは、籠の鳥やおはちなどの、複雑な立体造形を指向するようになったこと。

二つめは、材料として餡を使うようになったこと。〝おはち〟が〝おしるこ〟になったように、餡はお好み焼きへも引き継がれた。

三つめは、花鳥草木や文字だけでなく、蕎麦、桜餅、柏餅、吸物などの食べものもモチーフにするようになったこと。

この三つめの変化については、文字焼が明治末に〝一品料理の真似事〟であるお好み焼きに変身する、その予兆的なものであったのかもしれない。

そして四つ目の変化は、屋台一式を肩でかついで移動する担ぎ屋台から、車輪がついた引き屋台になったということだ。

＞文字焼は駄菓子屋の店先にあつたばかりではない。別に車を引いて賣りに來るのがあつた(柴田宵曲文集第五巻　明治の話題)。

明治42年発行の雑誌風俗画報３９９号に、車輪がついた引き屋台の〝もんじやぎ賣（原文ママ）〟の写真が掲載されている（下の写真）。

明治時代は、日本史上初めて訪れた、本格的な車輪の時代の始まりであった。

中国大陸や欧州の文明と比較すると、日本は車輪文化があまり発展しない社会であった。「くるま」の比較史（加藤友康　アジアの中の日本史6文化と技術所収）によると、車輪普及の妨げになったのは、日本に多く流れる川とそれにかかる橋だったという。

もんじやぎ賣

風俗画報399号

大雨などで橋が流された場合、車はそこで立ち往生するしかない。また、重量のある車両（明治維新以前の車輪は丈夫な木でできていたため重かった）が木製の橋を渡ると、車輪が橋を削り急激に劣化させてしまう。車の運用のためには、修理や架け替えなどの、橋のメンテナンスが重要であった。

９世紀から14世紀までの京や畿内で牛車が活用できたのは、橋の整備体制がうまく機能していたからだと、加藤は考える。

日本の場合、石の加工文化が発達しなかったからか、江戸時代までほとんどの橋は木で造られていた。さらに、木製の橋は丸く反った形をしていたため、車で渡るのに適していなかった。

先程述べた通り、車の通行は橋を痛めるため、制限されることがあった。交通と生活（桜田勝徳明治文化史第12巻所収）によると、大坂では１７７４年にベカ車（大八車）が橋を渡ることが禁止された。橋の往来を妨げ、橋を毀損するためである。

桜田によると、大阪で車が橋を渡れるように規制緩和されたのは、ずっと後の明治3年であったという。

車輪時代を迎えるにあたっては、その通行に耐えられるよう、木製の橋を石やコンクリートや鉄製のそれに交換する必要があった。道路も、可能ならば舗装されたほうが望ましい。

急勾配の坂道は、車にとって大敵である。特に、傾斜に弱い市電を導入するためには、坂を削り、切通にして、傾斜を緩やかにする必要があった。

日本全土を車輪向けに改造するためには、莫大な予算と時間を必要とする。それは国家的な事業であり、国家が意思を持って進めることでしか実現しない。

そして、この「車輪社会への意思」を日本史上初めて持ったのは、明治政府であったのだ。

子供相手の屋台商売も、車輪社会の恩恵を受けることができた。それは、文字焼がお好み焼きに看板を書き換える際の、前提条件であったといってもよい。

文字焼屋台と比較し、お好み焼きの屋台は非常に重い。重量増の原因だが、まず、焼板が銅から分厚い鉄板にかわったことがあげられる。

文字焼には、アルミよりも熱伝導率の高い銅板が重宝された。というのも、焼き目の濃淡で絵を描くためには、焼板の熱にムラがあってはいけないからだ。

当時の熱源は七輪と炭という、ムラの多いものであった。七輪から発する熱を、熱伝導率の高い銅に当てると、均等に広がる。文字焼の繊細な細工のためには、熱ムラを防ぐ銅の板が最適だったのだ。

一方、いうまでもなく、お好み焼きには分厚い鉄板が欠かせない。高い蓄熱性で、材料を投入しても温度が低下せず、次々とお好み焼きを作ることができる。そして何より、油との相性が良い。油をなじませた鉄板は、テフロン加工のようにこびりつきにくくなる。

鉄の熱伝導率の低さからくるムラも、焼板を分厚くすることで対処できる。ただし、重量は重くなる。

文字焼の材料は、水に溶いた小麦粉と、砂糖を水に溶いて熱した蜜だけのシンプルなものであった。明治期には、これに餡が加わる。

一方、お好み焼きの材料は、メニュー数が増えるにつれ際限なく増殖していった。

まず、油が必要だ。これに調味料としてソースや醤油が加わる。材料として重量があるのは、餅、卵（液卵）、じゃがいも、焼きそば用の中華麺に肉。

他にも、ネギ、キャベツ、揚げ玉、干海老、スルメ、パン粉に食パン。

重さだけでなく、これらを格納するスペースも拡大する。重量とスペースに限界のある担ぎ屋台では、お好み焼きの営業は不可能であることがわかるだろう。

さて、担ぎ屋台が車輪付きの引き屋台に変わったことで、失ったものもあった。

それは、車輪の軸より上に七輪、さらにその上に鉄板をのせるために、鉄板の位置が子どもの目線より上になってしまった、ということだ。

つまり、車輪の引き屋台では、鉄板の位置が高すぎて、もはや子ども自身が水溶き小麦粉を焼いて遊ぶことができなくなってしまったのだ。車輪付きのお好み焼きの屋台は、作る人と食べる人を、完全に分離してしまったのだ。


江戸時代の文字焼商売の収入源は、大きく分けて2種類あった。

一つは、職人が作った文字焼を売ること。

もう一つは、子どもに水溶き小麦粉と蜜を売って、自分で焼かせること。

しかし、明治時代になると、後者の収入源は、商売がたきにより奪われてしまった。駄菓子屋が文字焼をはじめたので、顧客である子供たちがそちらにいってしまったのだ。

文字焼がお好み焼きに看板をかけかえざるをえなくなった理由の一つは、駄菓子屋に客を奪われたことにある。

文字焼の車輪付き屋台において、子ども自身が焼くことを考慮しなくなったのは、そもそもその必要がなくなったからなのだ。

6　駄菓子屋の文字焼　もんじゃ焼きの遠いご先祖

月島の〝土手〟もんじゃ焼きは戦後生まれ

我々がもんじゃ焼きと聞いてイメージするのは、月島名物のそれであろう。

どんぶりにキャベツを中心とした具が山のように盛られ、水っ気の多いシャバシャバの汁、小麦粉とソースが混和した薄い溶液に浸かっている。

まず、汁はどんぶりに残したまま、具材だけを熱した鉄板に置く。そして、具材を熱しながら円環型の〝土手〟を作る。土手がある程度固まったところで、土手の内部に汁を流し込み、それが蒸発して糊のような状態になったときに、すべてを混ぜてヘラで取り出して食べる。

昭和6年に東京で生まれ、東京で育った作家の諸井薫（本多光夫）は、月島にあるようなもんじゃ焼きは、戦前には見たことがないという。

“土手”もんじゃ焼きの作り方

>いま東京では〃もんじゃ焼〃が幅を利かせているようだ。聞くところによればウォーターフロントに近い月島界隈には、もんじゃ焼の店が百数十軒も出来、大繁盛のようだ（dancyu　１９９７年5月号巻頭エッセイ　如何なる星の下に……　諸井薫）。

>戦前東京に生まれ、そのまま東京を離れて暮らしたことのない私にしてその〃もんじゃ焼〃を知らないと言うと、上京者は皆怪訝な顔をする（dancyu　１９９７年5月号巻頭エッセイ　如何なる星の下に……　諸井薫）。

昭和27年銀座（木挽町）生まれのタレントなぎら健壱も、現在のようなもんじゃ屋は昭和50年頃から多く見かけるようになったと証言する。

>もんじゃのほうが古いかって？もんじゃ屋を多く見かけるようになったのは35年ほど前のこと。それまでは駄菓子屋かお好み焼き屋（食楽　２００８年2月号）。

戦前の東京では、駄菓子屋で子供たちが文字焼（もんじやき、もんじゃきと発音）を焼いていた。私は40件近い件数の戦前の駄菓子屋の文字焼の証言を収集したが、月島の土手もんじゃ焼きのようなものは、一つとして存在しない。

存在することなど、ありえないのだ。

考えてみてほしい。現在の月島のもんじゃ焼きは、最も安いものでも６００～７００円もする。

中心価格帯が１０００円前後だ。これは大人向けの価格設定で、子供が駄菓子屋で食べるような値段ではない。駄菓子屋で子供が払う金額であれば、10〜50円がせいぜいであろう。

戦前の駄菓子屋の文字焼にも、キャベツやソースなどを使った文字焼はあった。だが、その値段と量は、子供の懐に応じたものであった。現在の月島もんじゃ焼きに比べると、価格も量も10分の1以下といったところであろう。

小さくて薄かった戦前の駄菓子屋文字焼

明治22年生まれの作家渋沢青花は、明治中頃の駄菓子屋の文字焼を、次のように描写している。

〉わたしにとって忘れられないのは、文字焼（もんじやき）である。うどん粉を水でといたのが茶のみ茶碗に一ぱいと、黒蜜をつけて一銭か二銭だった（浅草っ子　渋沢青花）。

駄菓子屋の文字焼において、水溶き小麦粉を入れる容器は飯茶碗（東京っ子　秋山安三郎）浅い茶碗（下夕町風物誌　宮

戦前の駄菓子屋の文字焼（明治時代）の作り方

尾しげを）茶のみ茶碗（浅草っ子　渋沢青花）大が一銭（湯のみに一杯）小にして五厘（茶のみ茶碗に一杯）（漫談ボツタヤキ　大辻司郎　食道楽　昭和4年5月号所収）そば猪口（銀座育ち　小泉孝　小泉和子）湯のみ（駄菓子の追想　小川正之助　江戸と東京　昭和14年5月刊所収）湯のみ（たべもの世相史・東京　玉川一郎）茶碗（江東ふるさと文庫4　古老が語る江東区の町並みと人々の暮らし 上）茶碗（江東ふるさと文庫4　古老が語る江東区の町並みと人々の暮らし 上）〃このくらいの丼（著者注　大きさ不明）〃（江東ふるさと文庫2　古老が語る江東区の祭りと縁日）。

月島のもんじゃ焼きはどんぶりに山盛りにして入っているが、戦前の駄菓子屋の文字焼の容器は湯のみか茶碗である。できあがるのは直径10～20センチ程度の薄っぺらい文字焼だ。

しかもそのほとんどは水に溶いた小麦粉のみで、具は入っていない場合が多い。土手など作れるわけがないのだ。子供の小遣いで買える文字焼といえば、原価から考えてもその程度のものであろう。

同じことは、お好み焼きの屋台にもあてはまる。

現在のお祭り屋台のお好み焼きは５００円以上の値段がする。量もたっぷりで、大人でも食べごたえがある。

戦前のお好み焼きの屋台ではどうだったのか。大正3年生まれの池田彌三郎は次のように語っている。

〉大きさで値段の違いがあって、牛てんの十銭のなどになると、直径十センチはあって、たっぷりしていた（たべもの歳時記　池田彌三郎）。

値段の高い牛てんで直径10センチ。ということは他のお好み焼きは、10センチ以下だったということだ。

池田彌三郎は銀座の天ぷら屋天金の息子だが、池田の1歳年下の役者、殿山泰司は銀座のおでん屋お多幸の息子である。殿山が子供の頃食べたお好み焼き（どんどん焼）は、1銭か2銭であった。その大きさは、推して知るべしと言ったところであろう（三文役者あなあきい伝〈PART1〉殿山泰司）。

昭和15年の広島における一銭洋食の屋台の写真が存在するが、そこに写っている一銭洋食は直径15センチ前後の大きさ（OCONOMISSION）。広島生まれの画家四国五郎が「ひろしまの街」において描いている一銭洋食の大きさも、子供の手に乗る10センチ程度の大きさだ。

現代のお好み焼きとは比べ物にならないくらい、安くて小さかったのが、戦前のお好み焼きなのである。

駄菓子屋に文字焼登場

我々がよく知る駄菓子屋というのは、いつから存在したのだろうか。

第4章に書いたとおり、駄菓子屋という言葉自体は明和4年（1767年）の川柳に登場する。しかし、それが我々がイメージするような、子供の小遣いで生計を立てる商売であったかは明確ではない。

だが、遅くとも19世紀半ばまでには、子供相手の駄菓子屋が成立していたようだ。

山東京山は、弘化3年（１８４６年）序「蜘蛛の糸巻」の「菓子の變格」において、鶯餅の価値の変化について書いている。

〉鶯餅一名を仕切場と唱へ茶店にも用ひ通人の稱美したものなるに今や駄菓子や物となりておつかァ四文くんねへのいやしき小児のものとなりぬ

昔は通の人がほめたたえた鶯餅も、今では駄菓子屋で子供が4文で買う菓子になってしまった、という内容だ。従って、この頃までには、子供相手の駄菓子屋が成立していたと思われる。

駄菓子屋の鶯餅は4文。守貞漫稿における駄菓子も4文、清水晴風の街の姿における文字焼の最低値段も4文だったので、このころの子どもの小遣いの最低基準は4文だったようだ。

さて、明治時代になると、この駄菓子屋が文字焼を取り込むようになる。

読売新聞明治18年3月28日朝刊に、「居酒屋の繁昌」という記事が載っている。女手一つで居酒屋を経営し、成功を収めた女性の半生記である。

〉明治五六年頃迄は奥州會津に居て左のみよき身代でも無かりしが明治の初年に夫が病死し子も孫もなく一人者の氣樂さは何處へ行くも身輕にて聊（いささ）か煩ひの無い處より喰稼ぎの為め出京して今の處に店を借り店には少しばかりの駄菓子を置き賃仕事の片手間に近所の子供を集めボツタラ焼をして細い烟（けぶ）りを立て居る

主人公は山本お米という人で、会津で結婚していたが夫に先立たれ、明治5、6年までは会津にいたがその後東京に移住、駄菓子屋の経営から商売生活をスタートしたという。

お米の駄菓子屋では〝近所の子供を集めボッタラ焼をして〟いた。このボッタラ焼きについては後ほど詳しく説明するが、文字焼と同じもの、文字焼の異称と考えていただいてかまわない。

明治5、6年までは会津にいたそうなので、東京に出てきたのは明治6、7年。このころには、東京の駄菓子屋で文字焼を焼くようになっていたようだ。

作家志賀直哉が自らの子供時代の記憶をもとに書いた「黒犬」にも、駄菓子屋の文字焼が登場する。

〉四つか五つの時私が此處へ引越して來た。その前からあった駄菓子屋だつた。同じ年頃の子供が大勢集まって文字焼（もんじやき）をやつてゐるのを羨ましく美しく思つたものだ（黒犬　志賀直哉全集第三巻所収）

明治16年生まれの志賀直哉が4、5歳の頃の話なので、明治20～21年頃の話である。

次に、明治21年生まれの実業家仲田定之助の証言。

〉また狭い店頭に四角い火鉢をかこんで文字焼（もんじやき）をやっている子供もいた（明治商売往来　仲田定之助）。

明治22年生まれの画家横井弘三の証言。

〉駄菓子屋に上り込んで鉄板の上で文字焼をする
〉四角や鯛や人間の形などを描いて食べる（油絵の手ほどき　飯沢匡著「横井弘三の生涯」より孫引き）

明治26年発行の「最暗黒の東京」（松原岩五郎）は、東京の貧民の生活を描いたルポタージュだが、その貧民の職業として〝文字焼をなす一文菓子の小店〟が出てくる。当時は駄菓子のことを一文菓子ともいった。

著者の松原岩五郎は慶応2年生まれだが、明治3年生まれの江戸風俗研究家、三田村鳶魚も一文菓子という言葉を使う。

〉蜜豆は、一文菓子のボツタラ焼と共に、裏店の子供等の好物なり、その蜜豆が貴女淑女に賞翫さるる時になれり（法華三昧　三田村鳶魚全集第廿七巻）

屋台の文字焼と駄菓子屋の文字焼との競合

明治時代のはじめから、駄菓子屋が文字焼を兼業するようになった。このことは、屋台の文字焼職人にとって打撃だったろう。子供たちはいつ来るかわからない文字焼の屋台をまたなくとも、駄菓子屋で好きなときに文字焼を焼けるのだから。

文字焼と似たような屋台商売に、飴細工としんこ細工があった。いずれも文字焼と同じように、職人が花鳥草木の細工をするだけではなく、子供に安い値段で材料を分けて、子ども自身が細工をして遊んだ。

飴細工の場合、細い竹管の先に、まだ温かく柔らかい飴をつけて子供に渡す。子供は、竹管に息を吹き入れて膨らませたり、手でいろいろな形をつくって遊ぶ。

しんこ細工の場合、「ただしんこ」「おしんこセット」という造形キットを売る。

しんこは米粉の餅なのでその色は白いのだが、しんこ細工では着色料を使って赤や黄色に染めたしんこをあらかじめ作っておき、細工のさいにこれらの色つきしんこを混ぜ合わせてカラフルな作品を作る。

「ただしんこ」「おしんこセット」は、経木の上に大きな白いしんこの塊と、小さな色つきしんこの塊を色の数だけ並べたものだ。これを買った子供たちは、粘土細工のように思い思いの作品を自分で作るのである。

このように、職人の技術を必要とせず、子供に好きなように作らせるという意味では、文字焼のように駄菓子屋がまねる余地はあったはずなのである。

しかしながら文字焼と異なり、駄菓子屋が飴細工やしんこ細工をまねたという資料はみつかっていない。

飴細工の飴（さらし飴）は、常に適温を保っていないと、冷えて固まってしまう。しんこ細工のしんこは米粉を蒸してつくった餅状のもので、乾燥すると固まってしまう。いずれも、メンテナンスを怠ったり、売れ残ってしまうと、廃棄ロスが出てしまうのである。薄利で商売する駄菓子屋において廃棄ロスは致命的である。

おそらく、メンテナンスの煩雑さと廃棄ロスによる採算性の悪さが、駄菓子屋が飴やしんこに手を出さなかった理由ではなかったかと推測する。

一方、文字焼の場合、注文ごとに小麦粉を湯呑みに入れて水で溶き、おちょこに黒砂糖を煮詰めた蜜を入れて渡すだけである。小麦粉も蜜も日持ちするので、廃棄ロスはでない。メンテナンスの必要もない。

飴細工やしんこ細工と異なり、駄菓子屋にとって文字焼は、まねのしやすいビジネスであったのだ。

駄菓子屋との競争で進化した屋台の文字焼

江戸時代に生まれた文字焼、飴細工、しんこ細工のうち、飴細工としんこ細工は太平洋戦争前までそのままの形で残ったが、文字焼だけが明治末にお好み焼きへと姿を変えた。

その要因の一つとして、この三者のうち文字焼だけが、顧客である子供を巡って駄菓子屋と競合状態になったことがあげられる。

とはいえ、駄菓子屋が文字焼を導入した明治時代はじめから明治の末までは、まだ文字焼の屋台は営業を続けており、駄菓子屋の文字焼と共存していた。

屋台の文字焼が存続した理由の一つは、東京の子供の人口が増え続け、マーケットが拡大し続けたことにある。

４章に書いたとおり、日本の人口は１８２０年代より増加し続けた。特に東京などの都市部においては、明治半ばより急激に人口が増え始めた。産業構造の変化により、農村から都会へと移住する人々が増えたからである。

人口が増えるということは、子供マーケットが拡大し続けるということだ。駄菓子屋に客を食われても、屋台の文字焼が生き残る余地がそこにはあったのである。

屋台の文字焼が生き残ったもう一つの理由が、駄菓子屋にはまねできない、高度な職人の技術である。

第４章において見てきたように、江戸時代から明治時代にかけて、文字焼の技術は進歩し、籠の鳥やおはち、籠に入った蕎麦など、高度な立体物が作られるまでにいたった。駄菓子屋との差別化のために、技術を磨いたのではないかと推測する。

さらに、材料として餡を使うようになった。これも、駄菓子屋との競合から生まれた発想ではないかと考える。

駄菓子屋にはもともとあんこ玉という駄菓子が売られており、駄菓子屋の子供たちは、あんこ玉を小麦粉生地に巻いたり、最初から生地に混ぜたりして、工夫しながら文字焼を焼いていた。

〉わたしは年中駄菓子屋にいってましたよ。そこでもんじゃ焼きを焼いていたの。一銭でこのくらいの丼にうどん粉といたのを入れて、まるいあんこを入れて自分で巻いて食べるの。まぜた方がよい人はうどん粉にまぜて焼くの（江東ふるさと文庫2　古老が語る江東区の祭りと縁日）。

ひょっとしたら、文字焼の屋台における餡の導入は、駄菓子屋の子供の工夫をまねたのかもしれない。

小麦粉生地で餡を巻けばおかしわ（柏餅のパロディ）やおはち＝おしるこ、あんこ巻になる。あらかじめ小麦粉生地に餡を混ぜ込んで焼けばエチオピアになる。これらのメニューは、その後お好み焼きにも引き継がれることとなった。

三次元の立体造形に、餡が加わったのが亀の子焼である。立体的な亀をかじると、中から熱い餡が出てくる。このような高度な技術を要する造形は、駄菓子屋の子供遊戯の文字焼では無理であった。

ところが、である。

明治時代半ばになると、小麦粉を使った三次元の立体造形＋餡という、屋台の高度な文字焼作品に対し、強力なライバルが現れる。このライバルの出現によって、文字焼ビジネスは継続をあきらめざるをえなくなり、お好み焼きへと転業したのである。

そのライバルとは、人形焼や鯛焼きなどの、鋳鉄の型を使った焼菓子であった。

7　鯛焼きの出現と文字焼の衰退

亀の子焼、鯛焼き、人形焼の登場

角田猛はその著書「東京の味」において、明治の中頃に亀の子焼のブームがあったと回想している。明治28年生まれの角田が小学校に入学する前の話なので、明治34年以前の話だ。

〈明治の中頃から芝田村町にある亀の子焼屋は非常に繁昌して有名な店だった。日比谷にあった海軍予備校（海域中学の前身）や尋中（府立一中の前進で、尋常中学の略称）、三田の慶応義塾などの生徒のあこがれの的だった（東京の味　角田猛）。

〈亀の子焼は両面型で皮にふくらし粉が入って軽く黄色くあがってゐた（東京の味　角田猛）。

文中に〝あそこの亀の子焼は足まで餡が入ってゐるから感心〟とあるので、皮の中には餡が入っていたようだ。どうやら亀の子焼は、人形焼や鯛焼きと同じ様な焼菓子で、亀の形をしていたものだったらしい。

角田はまた、人形焼や鯛焼きにも言及している。角田によると、人形焼も鯛焼きも、形が違うだけで亀の子焼と同じような焼菓子だったそうだ。

〉人形焼と云ふのは戦災前浅草仲店の仁王門の側にあつた大きな店で、人形の両面型を一人で沢山並べて手際よくくるくる廻しながら焼いてゐたのを憶へてゐる。材料は亀の子焼と同じやうなものだ（東京の味　角田猛）。

〉鯛焼は亀の子焼の焼型をただ鯛の形にしただけ（東京の味　角田猛）。

片面型から両面型への進化

焼型にかんして〝両面型〟とあるのは何を意味しているのだろうか。幸いにして、明治時代の人形焼の屋台については当時の絵が残っており、両面型らしきものが描かれている（下の絵）。

清水晴風の世渡風俗圖會における、人形焼の屋台である。屋台の横に「神戸名物」と書いてあるということは、人形焼は神戸で生まれたのであろうか。

右側には〝明治三十三年〟に流行した

世渡風俗圖會　国会図書館所蔵

とあるので、亀の子焼と人形焼というよく似た焼菓子は、同時期に流行していたらしい。

屋台商人がホットサンドを焼く器具に似たもので、人形焼を焼いている。この器具がおそらく、両面型といわれる焼型なのであろう。商人の右手には、餡が入っているらしき容器と、小麦粉を水に溶いたタネが入っているらしき容器が置かれている。

形から推察するに、両面型というのは、鯛焼きを一個ずつ焼く〝焼きごて〟と同じようなものらしい。

まず、片面に小麦粉のタネを流し、その上に餡をのせ、さらにその上にタネを流しかけて、ハサミ型のコテを閉じてもう片面ではさんで、炭火の上でひっくり返しながら焼くのである。

角田の言う〝くるくる廻しながら焼いてゐたのを憶へてゐる〟というのは、この両面型を炭火の上でひっくり返しながら焼いていた様のことであろう。

両面型の前には、片面型も存在した。

明治18年に京橋大根河岸で生まれた青果会社社長、藤浦富太郎は、子供のころの縁日に「桃太郎焼」という焼菓子があったと証言している。

＞昔はとこ店で今のようにガスや電気があるわけではなく炭火で、桃の形をした鉄鍋があって、そこへうどん粉を卵でといて、半ペラずつ焼く。その中にあんを入れて二つ合わせると桃の形になる。これは、今の鯛焼の元祖みたいなものである（明治の宵―円朝・菊五郎・大根河岸　藤浦富太郎）。

人形焼や亀の子焼と異なり、片面しかない「鉄鍋」である。

片面型の桃太郎焼の場合、まず一枚焼きあがってからもう一枚を焼いて、二枚揃ったところで餡をはさむ。両面型の人形焼と比較すると、手間と時間がかかる。

桃太郎焼が存在したのは明治18年生まれの藤浦が子供のころの話であるから、明治20年代なかばから後半のことであろう。それから数年間後、明治30年代前半には焼型が両面型に進化し、亀の子焼や人形焼などのブームを引き起こしたのである。

こちらは軍艦焼（右下の絵）。人形焼の軍艦版であろう。

こちらは明治三十七年の面形焼（左下の絵）。他にも小判焼、肖像焼などがあったらしい。

現在では鯛焼きと人形焼ぐらいしか残っていないが、明治三十年代にはこの手の両面焼の焼菓子に、様々なバリエーションがあったようだ。

世渡風俗圖會　国会図書館所蔵

世渡風俗圖會　国会図書館所蔵

さて、これらの焼型を使った屋台の焼菓子が生まれた時期は、日清戦争（明治28年終戦）と日露戦争（明治37年開戦）のちょうど戦間期にあたる。「軍艦焼」などは、当時の戦勝気分を如実に表した焼菓子であろう。

焼型を使った焼菓子の隆盛が、二つの戦争の戦間期に起こったことは偶然ではないと思う。亀の子焼や人形焼の誕生には、日清日露戦争が関わっていたのではないかと考える。

ベーゴマにみる鋳物産業の革新

ベーゴマ、という円錐形をした鉄製の小さなコマがある。5章で〝おはち〟という文字焼を取り上げた際に説明したが、もともとは円錐形の巻き貝の殻をコマにして遊んだものが、後に貝殻を模した鋳鉄製のコマになったものだ。

鋳鉄とは、溶かした鉄を型に流し込んで、冷えて固まったところを型を壊してとりだす鉄の加工法だ。ベーゴマの他にも、梵鐘や鍋など、様々な鋳鉄製品が作られてきたが、鋳鉄製のベーゴマの登場というのは、ある意味象徴的な出来事であったと考える。

鋳鉄製のベーゴマの登場時期は明確ではないが、遅くとも大正時代には現れ、昭和に入ってからは広く普及した。子供向けにデザインされ、子供向けに生産された鋳鉄製品が、子供の小遣いで買えるようになったということだ。

それは鋳物業者からしてみれば、子供相手の安い鋳鉄製品でも、採算が取れるようになった、ということだ。つまりベーゴマの登場は、鋳鉄製品の製造コストがそこまで下がったことを意味する。

江戸時代にも鋳鉄産業は存在したが、明治期以降の欧米技術の導入により、鋳鉄産業は大きく様変わりしていった。

「中小企業研究第一巻」（中小企業調査会編）によると、明治時代の鋳物産業には以下のようなイノベーションが起こったという。

燃料の木炭からコークスへの転換
日本式焼型法から生型法への転換
原料のタタラ銑（砂鉄銑）から高炉銑への転換
送風動力の人力から蒸気力へ、さらには電力への転換（キューポラの導入）

これらの革新により鋳鉄製品の値段が下がっていったわけだが、どの程度下がっていったかという時系列データを見つけることはできなかった。ただ、ベーゴマの登場という一点を見ても、江戸時代と比較するとコストが大幅に下がったことは確かだといえる。

鋳物産業だけでなく、明治以降の工業の発展全体に影響をあたえたのが戦争である。日清日露の両戦争と第一次世界大戦は、日本の工業化を推進する大きな原動力となった。

問題は戦間期である。装置産業である鋳物産業は、軍需が落ちる戦間期や、不況期にも生産を続ける必要がある。

ベーゴマが大正期から昭和初期に普及した背景には、第一次世界大戦終戦後の不況、昭和はじめの大恐慌が影響しているのではないかと考える。つまり、鋳鉄に対する需要が減った結果、薄利であってもベーゴマなどを製造せざるをえなかった、装置産業の宿命が背景にあったのではないかと思うのだ。

人形焼や亀の子焼などの鋳鉄の型を使った焼菓子は、日清戦争と日露戦争の戦間期に多彩なバリエーションをもって現れた。

それは、日清戦争が終わり、軍需が減る中で、民需への転換をもくろむ鋳物産業の試行錯誤の結果生まれたものではないかと推測する。

平民新聞明治37年1月3日によると、縁日で商売する人は東京中に7000人余いたという（明治東京逸聞史2　森銑三）。全国にはさらに多くの縁日商人がいたことだろう。

縁日商人の数％を取り込んだだけでも、数百の生産ロットが見込める。実現可能であるかは別として、そのような皮算用をする鋳物工場の経営者がいたとしてもおかしくはない。

鋳物産業は、多品種少量生産が可能な産業である。新しい鋳物を作るのに必要な初期コストは木型の作成、つまり木で作った実物大のモデル作成コストだけ。木型を一つつくれば、いくらでも同じ鋳鉄製品を生産することが可能だ。

この多品種少量生産という特質をいかし、日清戦争後の民需への転換をはかるべく、様々な焼菓子の焼型が生産された結果が、桃太郎焼からはじまって人形焼に亀の子焼、そして鯛焼きといった焼菓子の多様化にいきついたのではなかろうか。

以上、多くの推論を述べてきたが、この推論が外れていたとしても、明治20年代後半から明治30年代にかけて、鋳物の焼型による様々な焼菓子が創案されたという事実は動かない。

そしてこれらの焼菓子は、文字焼と正面からバッティングし、文字焼を衰退へと追い込んでいくのである。

文字焼の衰退

江戸時代の文字焼の商売は、二種類の収入から成り立っていた。一つは、子供に材料を売って、子供自身に文字焼を焼かせる商売。この商売は、明治時代になってから駄菓子屋が文字焼を兼業したため、打撃を受けることになった。明治後期には、子供に焼かせることを諦めた、車輪つき屋台の文字焼が登場している。

もう一つは、職人が焼く技巧を凝らした製品の販売。籠の鳥やおはちなどの立体形を作ったり、餡を使うなど、明治時代になってもその技術は進化し続けた。

文字焼の代表的な商品である亀の子も、工夫を重ねていった。

〉例へば先づ細い線で龜の甲の輪郭を描き、その上から甲の全體に當る溶液を流すと、前の輪郭は少し焦げてゐるからはつきりする。それに餡を入れて両面から焼いたやうな氣がする(明治の話題　柴田宵曲文集第五巻所収)。

焼け色の濃淡で亀の甲羅の模様を描き、さらに餡を入れて立体形とする。駄菓子屋の子供にはまねできない高度な技で、文字焼の商品は作られていた。

ところが、明治20年代後半から、鋳鉄を道具に使った焼型による焼菓子があらわれた。

明治30年代には両面型の焼きごてが開発され、誰でもより簡単に、より大量に、より早く、より安く、餡入りの亀の子焼が焼けるようになった。

亀の子焼は画一的になり、〝あそこの亀の子焼は足まで餡が入ってゐるから感心〟（東京の味　角田猛）という風に、細工の見事さよりもお得感で商品が選ばれるようになった。

それは例えていえば、一着一着手編みで編んでいた毛織物の世界に、自動織機が現れたようなものだ。値段やお得感では、大量生産品に打ち勝ちようがない。

亀の子は江戸時代からの文字焼の主力商品であった。鯛も同様である。鯛は江戸時代より代表的な文字焼のモチーフだった。

これら主力商品を狙い撃ちするかのように、焼型を使った亀の子焼や鯛焼きが作られた。実際のところ、亀の子や鯛の焼型は、文字焼を模倣して造られたのかもしれない。

お好み焼きへの転身

焼型を使った焼菓子は、文字焼の伝統的商品を奪っただけではない。未来の可能性をも奪ってしまった。

日清戦争後に、戦勝気分に相乗りするように軍艦焼が作られた。肖像焼とは、おそらく、偉人や人気者の肖像を焼いたものだろう。昭和4年に飛行船ツェッペリン号が来日すると、ツェッペリン焼が販売された（夢のあとさき　野一色幹夫）。

軍艦や飛行船のような新しいモチーフを取り込む場合、文字焼の職人は都度試行錯誤し、修練を積んでその作り方を体得する必要がある。

　焼型を使った焼き菓子の場合、鋳造のための木型を一つ、作るだけで良い。その木型から焼型がいくつも生産され、さらにその焼型によって同じ焼菓子が大量に生産される。

　新製品を生み出すスピード、価格、生産量、いずれをとっても文字焼に勝ち目はなかった。

　飴細工やしんこ細工は、時代が大正に変わっても、江戸時代と変わらず栄えていた。同じような職業の中で、文字焼だけが明治時代に衰退した。それは、文字焼が駄菓子屋や、亀の子焼や鯛焼きのような焼菓子に収益機会を奪われたからだ。

　やがて文字焼はやむをえず、追い込まれてお好み焼きに姿を変えた。焼型を使った焼菓子にはまねできない、一品料理のパロディという新境地を開いたのだ。

　だが、皮肉なことに、この転身によって文字焼＝お好み焼きの寿命は格段に延びた。

　現在、飴細工は過去とは比べようもないほど衰退してしまった。しんこ細工にいたっては、ほぼ滅亡状態である。

　一方、お好み焼きは全国に広がり、様々な進化を遂げていった。それはひとえに、多くの試行錯誤の中から生まれた天ものという商品、つまり天ぷらのパロディが爆発的にヒットし、全国に普及したからであった。

8　お好み焼きの誕生

文字焼がお好み焼きに変わったのはいつか

東京都千代田区神田では、「かんだ」というタウン誌が発行されている。

昭和38年1月30日に発行された「かんだ」3号（初春号）に、田中鼎三という人が「おでこ野郎」という題で子供の頃の思い出を綴っている。名前から推察するに、田中鼎三とは「かんだ」発行人田中貞三のペンネームのようだ。

その「おでこ野郎」の中に、明治末年の神田の縁日の様子が描かれている（注　傍点は筆者による）。

〉縁日の裸電球やアセチリンの灯火の下では、いろいろの店が客を呼んでいた。ブドウもち、いりたて豆、いり豆屋、金太郎あめ、あめ湯、みかん水、蓄音機、お好み焼、文字焼、あめ細工、しんこ細工、ほうずき屋、山吹鉄ぽう、うつし絵、人体解ぼう、記憶術、源水のこままわし、甘酒、さらし飴の実演、揚まんじう、立川文庫、たけなが屋、十銭均一、やき栗、やき芋、電気あめ（綿菓子）手品（馬の尻尾）（明治末年）

いつものように文字焼は飴細工、しんこ細工と同列に扱われているが、同時に「お好み焼」も登場している。文字焼とお好み焼きが同時にあらわれる事例は非常に珍しく、今のところこの「かんだ」の例しか発見されていない。

お好み焼きは、文字焼が明治末に看板を書き換え、転業した業態である。従って、お好み焼きの登場は文字焼の消滅と軌を一にしているのだが、「かんだ」の描写は、その短い過渡期を写し取った貴重な例である。

文字焼屋台が消えた時期

文字焼屋台はいつ消えたのかを確認するために、資料を時系列順に並べてみよう。

・藤浦富太郎（明治18年生まれ）の子供の頃の縁日に文字焼屋台が出ていた（明治の宵―円朝・菊五郎・大根河岸　藤浦富太郎）。

・作家長谷川時雨の小説「西川小りん」に〝大安楽寺の門前までゆくと、文字焼のおばさんと〟という記述がある。この小説は長谷川の祖母をモデルにしたもので、明治天皇の銀婚式が出てくるので明治27年以前の話である（西川小りん　長谷川時雨）。

・横井弘三（明治22年生まれ）の子供の頃の体験。日本橋南茅場町薬師様縁日に〝モンヂヤキ屋〟が出ていた（油絵の手ほどき　横井弘三）

・読売新聞明治36年4月30日朝刊に、文字焼という商売の説明が載っている。

・浅野喜一郎（明治31年生まれ）の子供の頃の体験。銀座の縁日の文字焼屋台（明治の銀座職人話　野口孝一）。
・雑誌文芸界の明治38年1号に、縁日に出る文字焼屋台の解説が載っている。
・上記のタウン誌「かんだ」おでこ野郎。
・雑誌風俗画報の明治42年３９９号に〝もんじやぎ賣（原文ママ）〟の写真
・小説家永井龍男の「石版東京図絵」に、裏通りや横丁に入ってくる子供相手の物売りとして〝もんじ焼き〟が登場。明治37年生まれの永井龍男の実体験をもとにしていると思われる（石版東京図絵　永井龍男）。
・随筆家安住敦（明治40年生まれ）の「東京歳時記―随筆」に描かれた子供の頃の体験。大正初年ごろの夜店の文字焼屋で〝子供が自分で亀の子や蛸を焼いた〟（東京歳時記―随筆　安住敦）。
・「すみだ区民が語る昭和生活史　上」における丹羽武一（推定１９１２年＝明治45年あるいは大正元年生まれ）の体験。稲荷神社にもんじゃ焼の屋台があった（すみだ区民が語る昭和生活史 上）。
・「浅草物語」（辻忠二郎）より。著者（大正10年生まれ）の子供の頃の記憶。〝もんじゃ焼〟の屋台で牛天、いか天。えび天、あんこ巻などが売っていた（浅草物語　辻忠二郎）。
・「聞き書　東京の食事」より木村光代（大正６年生まれ）の昭和５年頃の体験談。水天宮の縁日では〝もんじゃ焼き〟屋台が人気。〝薄く溶いた小麦粉に牛肉、キャベツ、揚げかす、いか、えび、小さい切りもちなどを入れて鉄板で焼いたものである〟（聞き書　東京の食事）。

最後の２例、昭和に入ってからの「もんじゃ焼き」屋台は、内容的にはお好み焼きである。お好み焼きに転業してからも、看板を「文字焼（もんじやき）」から書き換えなかった屋台もあったようなのだ。

こうして時系列に並べてみると、牛天やいか天などを扱わない本来の文字焼屋台は、大正時代以降お好み焼きに転業し、消えていったことがわかる。

お好み焼き屋台があらわれた時期

さて、「お好み焼き」の名前がついた屋台の初出は、冒頭にあげたタウン誌「かんだ」と、「江東ふるさと文庫6　古老が語る江東区のよもやま話」における次の証言である。

〉車ひっぱってくるのは、お好み焼き屋。細長くして、底こしらえたお鉢の中に、黄粉と蜜をまぜて、しゃくえるようにしゃもじつけたり、エンドウ豆といくらか甘味いれて、おせんべみたいに焼いたのを売ってました（江東ふるさと文庫6　古老が語る江東区のよもやま話）。

これは明治36年生まれの北畠栄子の証言なので、タウン誌「かんだ」と同じく、明治末期のお好み焼き屋台に関する証言と考えて良いだろう。ただし、お好み焼き屋が作っていたものは、文字焼時代と変わらぬ「お鉢」であった。

ここで〝車ひっぱってくるのは〟とあるように、お好み焼きの屋台は最初から車輪つきの屋台であった。お好み焼きの屋台が車輪つきでなければならない理由については、すでに述べた。

次に、東京における大正以降のお好み焼きの屋台の資料を時系列に並べてみる。どんどん焼屋台は数が多すぎるのでここでは省いている。

・読売新聞大正7年3月24日朝刊記事のお好み焼き屋台（第1章参照）
・井上滝子（大正6年生まれ）による浅草千束町のお好み焼き屋台の体験談（近代庶民生活誌18　下町　南博編集代表）。
・家中君（やなか　きみ）（大正6年生まれ）による本所の元徳稲荷縁日（三ツ目通り沿い）のお好み焼きの屋台の思い出（聞き書　東京の食事）。
・芥川比呂志（大正9年生まれ）のお好み焼きの屋台の思い出（母の作品　芥川比呂志　日本の名随筆42母所収）。
・朝日新聞昭和2年3月19日朝刊記事。東京王子町でお好み焼きを食べた姉妹が急死。
・朝日新聞昭和2年3月26日朝刊記事。子供がお好み焼きを食べて死亡した事件を受けての論評。衛生状態改善の提言。
・柴崎まさ子（推定1910年＝明治43年生まれ）が嫁いだ先で夜食に屋台のお好み焼きを買うことがあった（すみだ区民が語る昭和生活史　上）。
・朝日新聞昭和3年7月3日朝刊投書欄。お好み焼きは衛生上害悪があるとの批判に対するお好み焼き屋の反論。
・朝日新聞昭和3年10月28日夕刊。板橋署がお好み焼き屋台の衛生検査をしたところ、5月に仕入れた腐敗した肉やソースを使っていたので署に連行。

・銀座三十間堀の地蔵さまの縁日にお好み焼屋台があった。長谷川桂（大正12年生まれ）が小学校同期からヒアリングした内容（銀座には川と橋があった　長谷川桂）。
・読売新聞昭和6年10月25日朝刊。お好み焼き屋台で食中毒子供一名死亡。
・昭和6年の「露店研究」（横井弘三）　浅草の露店に「おこのみ焼」（露店研究　横井弘三　近代庶民生活誌17　見世物・縁日　南博編集代表所収）
・柳田国男〃子供を相手の擔ひ商ひの方でも飴や新粉の細工物は通りこして、御好み焼などといふ一品料理の眞似事が、現に東京だけでも数十人の専門家を生活させて居る〃（明治大正史第4巻　世相篇　朝日新聞社 編）昭和5年刊
・「拾円で出来る商売」（読売新聞社便利部編）昭和11年刊にお好み焼き屋台開業指南。
・公園一のおこのみやき屋御笑楽（僕の東京地図　サトウハチロー）
・風呂屋の前に、毎日オコノミヤキの屋台が出る（僕の東京地図　サトウハチロー）昭和11年朝日新聞連載
・蛎殻町3丁目　いちょう八幡のおこのみやき屋（僕の東京地図　サトウハチロー）昭和11年朝日新聞連載
・〃私の子供時代に馴染んだお好み焼は、縁日の屋台で売っているもの〃（dancyu　1997年5月号　巻頭エッセイ　如何なる星の下に……　諸井薫）諸井薫は昭和6年生まれ。
・読売新聞昭和15年5月28日朝刊。お好み焼き屋台の写真入り紹介。

ご覧のように、大正時代から文字焼と入れ替わる形で、お好み焼き屋台の記述が増えていく。ど

んどん焼屋台もお好み焼き屋台同様の傾向、大正時代から増えはじめる傾向を示すが、こちらは40近くと事例数が多すぎるので、一つ一つ詳細に述べるのはここでは省かせていただく。

資料の内訳としては子供の頃のお好み焼き屋台の回想談は比較的少なく、新聞記事や小論などの、大人が大人向けに書いた資料が多く登場する。

すでに述べてきたとおり、明治末にお好み焼きが誕生した直後に、どんどん焼というあだ名がつけられ、子供社会ではそちらのほうが呼び名として定着した。それが、子供の頃のお好み焼き屋台の回想談が少ない理由である。

一方、大人の間では子供言葉であるどんどん焼という名称は敬遠され、正式名であるお好み焼きが使用され続けた。そのために、新聞記事等にはお好み焼きの表記のほうが多く出現するのである。

お好み焼きは、西洋料理のパロディから始まった

なぜ花鳥草木の形態模写を主旨としていた文字焼が、柳田国男のいう一品料理の眞似（まね）事であるお好み焼きに転業したのか。

その理由についてては、駄菓子屋の文字焼や、人形焼や鯛焼きなどの焼菓子と言ったライバルに経営を圧迫されて、文字焼から転業せざるをえなかったからだ、と述べてきた。

だがそれだけでは、回答として不十分である。それらは文字焼を〝やめる〟理由の説明にはなるが、その転業先が〝一品料理の眞似（まね）事〟つまり料理のパロディになった理由の説明にはならない。

なぜ、〝一品料理の眞似（まね）事〟を始めようと思ったのか？　なぜそれが、将来有望な商売になると、文字焼屋台の主人たちは信じたのか？

〉子供を相手の擔（にな）ひ商ひの方でも飴や新粉の細工物は通りこして、御好み焼などといふ一品料理の眞似（まね）事が、現に東京だけでも数十人の専門家を生活させて居る。

この柳田国男の文章は、明治大正史第4巻世相篇の「肉食の新日本式」という章の最後に書かれている。

「肉食の新日本式」において柳田は、明治期の肉食の普及を論じ、まず牛鍋によって肉食が普及したために、その後西洋料理が受け入れられるようになったのだと考察している。

〉洋食は全く牛鍋商賣の手引の下に、やつと日本に御目見えをしたと言つて差支へが無い。

そしてその西洋料理は、本場の料理そのものではなく、日本人の好みに合わせて改造されたものであった。この日本人向けに改造された西洋料理を、柳田は一品料理とよんでいる。

〉膳に庖丁を載せるだけは新機軸であつても、食べ方こしらへ方に至つては此方（こちら）のもので、所謂一品料理の出現は悠々自適であつた。是も洋服と同じで當人だけは一廉西洋だと思つて居つても、實は発端からもう十分に日本化して居たのである。

柳田に限らず、戦前における一品料理という言葉は、カツレツ、フライ、ビフテキ、オムレツのような日本人向けに改造された西洋料理を指すことが多い。西洋料理における一品料理という言葉はもともと、コース料理の対立概念として生まれたのだ。

つまり、柳田が〝御好み焼などといふ一品料理の眞似（まね）事〟と言う時、お好み焼きがまねる一品料理とは西洋料理、それも日本人向けに改変が加わった一品料理を意味していたのである。

昭和14年に出版された「小資本開業案内」（商店界編輯部編）に、お好み焼き屋の起業指南が書かれているが、その冒頭にどんどん焼とは子供洋食であると書かれている。

〉此の商賣は、もともと子供本位に子供洋食?ドンドン焼として屋台行商であつたものが

「［コラム］今は無きお好み焼きのメニュー「エチオピア」」に、60種以上の和洋中様々なお好み焼きメニュー名をまとめたが、その中でも特に多いのがカツレツ、フライ、ビフテキ、オムレツなどの西洋料理だ。

ソースとキャベツと肉

西洋料理をまねるために、それまで子供向けの食べものにはなかった素材、「肉」を導入した。また、キャベツ巻＝ロールキャベツ、キャベツボールにポテトキャベツと、戦前はもっぱら洋食に使

われていた野菜、キャベツが多用されているのも、お好み焼きの特徴だろう。

現在の全てのお好み焼きの祖先は〝天もの〟、つまり天ぷらのパロディー料理である。最古の〝天もの〟の記録は明治39年生まれの寺村紘二が浅草の屋台で食べたものだが、天ぷらであるにもかかわらずその時からすでにキャベツが入っていた。

そして、ソース。お好み焼きの基本調味料はウスターソースとよばれる洋食の調味料だ。それは西洋料理のパロディーだけではなく、和食である天ぷらや、中華料理のパロディーである焼きそばにも使われた。

お好み焼きのメニューには西洋料理の名が多く載せられていた。また、肉やキャベツやウスターソースなど、洋食に関連の深い材料や調味料が使われていた。それが故に柳田などの同時代人は、お好み焼きは西洋料理のパロディーだと認識していたのである。

文字焼の時代にも、籠の蕎麦、桜餅、柏餅、ご飯が入った米びつ（おはち）など、食べものの形態模写は存在した。お好み焼きになって変わったのは、西洋料理の形態模写が

お好み焼きの洋食、キャベツボールの作り方

多数追加され、西洋料理の材料や調味料が使われるようになったことだ。

ここで先程の問いに戻る。文字焼屋台の主人たちはなぜ、一品料理の眞似（まね）事を始めようと思ったのか？　なぜそれが将来有望な商売になると考えたのか？　そしてなぜ、真似る対象として西洋料理を選んだのか？

先に述べたように、文字焼の衰退を決定づけたのは、人形焼や鯛焼きなどの焼菓子の登場であった。時期的には、日清戦争と日露戦争の戦間期、明治30年代の出来事だ。

文字焼が衰退する明治30年代の東京で、文字焼とは対象的にブームを巻き起こしていた屋台があった。洋食の屋台だ。

明治30年代、文字焼の衰退に悩んでいた屋台の主人たちは、当時流行していた洋食の屋台にヒントを得て、〝子供洋食〟たるお好み焼きに転業していったのではないかと推測する。

［コラム］お好み焼き死亡事件

大正3年生まれの池田彌三郎は「たべもの歳時記」において、どんどん焼について次のように述べている。

〉思い出してもはずかしい話だが、縁日で、よく「どんどん焼き」をたべた（たべもの歳時記　池田彌三郎）。

池田はなぜ、どんどん焼を食べることを〝はずかしい話〟としたのか。それは、どんどん焼を食べると母に叱られたからだった。

〉牛肉といっても、「犬の肉だか、何だかしれやしない」と、母によくしかられた。そのうえ、牛肉やえびやいかやねぎは、みんな、おじさんが、手でじかにつかんで入れるのだから、たしかに今考えてみるときたない（たべもの歳時記　池田彌三郎）。

池田にとってどんどん焼とは、親に叱られるような悪い子が食べる、悪い食べ物だったのだ。なので大人になっても、どんどん焼を食べる話は罪悪感を感じる〝はずかしい話〟であった。

一方、作家の池波正太郎のどんどん焼に対する態度には、そのような罪悪感は微塵も感じられない。なにせ作家として大成した後、家を改築する際にどんどん焼を焼く専用の部屋を作ろうとしたぐらいだ（完本池波正太郎大成別巻　梶山季之との対談）。

池波の家では、どんどん焼を食べても叱られることはなかった。それどころか、曾祖母がどんどん焼のオムレツを好物としたぐらいだ。

池田彌三郎と池波正太郎のどんどん焼に対する罪悪感の違い、それは家の経済状況に起因するものだろう。

池田彌三郎の実家は当時東京一の天ぷら屋といわれた銀座の天金。経済的に豊かな家で、池田彌三郎自身も慶応大学を卒業するという当時としてはかなりの高学歴である。

池波正太郎の家は貧しかった。子供の頃母が離婚し、浅草で飾り職人をやっていた母方の祖父の家で母子家庭として育った。学歴は小学校卒。小学校を出ると経済的な理由で奉公に出された。

この時期、大正から昭和にかけて、貧富の差は情報格差に直結していた。

ネットやテレビはなく、ラジオはまだ黎明期のこの時代、情報伝達を担っていたのは新聞や雑誌などの出版物だった。新聞や雑誌は池田家のような中流階級以上の家庭向けのメディアであり、池波正太郎のような貧しい家にはあまり縁のないメディアだった。

その新聞が昭和はじめ頃に報じていたのが、お好み焼きを食べたことによる食中毒死事件だった。

昭和2年3月19日の朝日新聞に、次のような記事が載った。

〉お好み焼きを食べて幼い姉妹が急死す
〉たった三時間の中の悲惨事

屋台のお好み焼きを買った三人姉妹が疫痢にかかり、長女と次女が死亡、三女が危篤となった事件である。

朝日新聞昭和3年10月28日夕刊によると、板橋署がお好み焼き屋台の衛生検査をしたところ、5月に仕入れた腐敗した肉やソースを使っていたことが明らかになり警察署に連行された。

朝日新聞昭和3年2月17日夕刊によると、どんどん焼を食べた幼児がプトマイン中毒で死亡している。ちなみにこの記事は、新聞が正式名である〃お好み焼き〃ではなく〃どんどん焼き〃という言葉を使っている珍しい例である。

読売新聞昭和6年10月25日朝刊によると、少年がお好み焼きを買い食いして死亡した。記事では買い食いを「悪い癖」と書いており、新聞が衛生的観点から買い食いを問題視していたことがわかる。

朝日新聞昭和7年4月28日朝刊によると、神奈川県茅ヶ崎でお好み焼きを食べた親子が中毒死している。

以上は朝日新聞、読売新聞のお好み焼きの衛生問題に関する記事だが、他の新聞も含めれば、あるいはお好み焼き以外の衛生問題も含めれば、この種の記事はさらに多く掲載されていたことであろう。

戦前は、子供が疫痢でかんたんに死ぬ時代であった。だが、身の回りで実際に子供が死ぬ場面に出くわすかどうかは、あくまで確率的事象である。すべての人がそれを身近に感じていたわけではない。

しかし、新聞というメディアは、お好み焼きによる食中毒死事件が東京府内で一件だけ起きたとしても、それを広く読者に知らしめることで、露天商売の衛生という問題を可視化するのである。新聞により問題が可視化することによって、親は警戒し、子供にお好み焼きを食べることを禁止し、警察は衛生検査を行い、業者は自主的に改善につとめる。

こうして社会の〝可視化された問題〟が徐々に解決に向かっていく。それが新聞が果たした大きな社会的役割の一つであったわけだが、そのような恩恵に俗する人は、あくまで新聞を購読する中産階級以上の、経済的基盤がしっかりした人であった。

銀座の有名天ぷら店の息子池田彌三郎以外に、衛生的問題からお好み焼きの買い食いを禁止された人の名をあげると

・大正2年生まれの水野健次郎。株式会社美津濃（現ミズノ）の二代目社長。
・大正9年生まれの芥川比呂志。芥川龍之介の息子。
・昭和2年生まれの津村節子。父親は実業家。

いずれも経済的に恵まれた家庭に育ったことがわかる。

おそらくこういった家庭では、新聞などを通じてお好み焼きなどの危険性がある意味過剰に周知されていたであろう。一方、池波正太郎のような家庭では、そもそもその種の情報が届いていなかった可能性があるのだ。

［コラム］大量の資料の管理方法、その秘密教えます

この本の冒頭において、次々と積み重なる大量の資料の前に自分の記憶力、管理能力が限界に達したため、コンピューター（クラウドのテキストデータベース）に記憶と資料の管理をまかせるようになった、と書いた。

膨大な資料を扱わなければならない研究においては、本棚に本を並べる、紙をファイリングするという従来の情報管理法では、早々に行き詰まることは必至だ。

そこで、同様の悩みを抱える読者の一助となるべく、今まで試行錯誤を重ねながら生み出してきた、テキストデータベースを用いた情報管理ノウハウをここに公開させていただきたい。

テキストデータベースに記憶させるとはどういうことなのか、ＩＴ用語を並べても理解しにくい面もあると思うので、実際の活用例を通じて説明する。

肉じゃがは明治時代以降に生まれた料理である。この肉じゃがについては、日本帝国海軍がそのレシピを考案し、海軍から全国に広がったという説がある。

海軍糧食史を研究している高森直史が著書「海軍肉じゃが物語」において提唱した説で、海軍経理学校が昭和13年に発行した「海軍就業管理教科書」に掲載されたレシピが日本における最古の肉じゃがレシピであり、それ以前に肉じゃがは存在しなかった、という主張だ。

この肉じゃがが海軍起源説を、読書メモ約２６００ファイル、ＯＣＲによりテキスト化された蔵書３６０冊、同じくＯＣＲによりテキスト化された新聞雑誌等のスキャン画像５３５２枚からなるテ

キストデータベースで検証してみよう。

肉じゃが海軍起源説を検証するには、海軍に肉じゃがが初登場する昭和13年以前の料理書に肉じゃがのレシピが存在するか、あるいは実際に食べられていたかを確認すればよい。

ＯＣＲによりテキスト化された私の蔵書の中に、農山漁村文化協会の「日本の食生活全集」がある。明治・大正時代生まれの人々に子供のころの食生活についてヒアリングしまとめた本で、大正時代から昭和初期の日本各地の食生活を知ることができる資料である。

私が所有しているのは「日本の食生活全集」の中の、都道府県別聞き書集47冊。各々が４００ページの厚みがある。

つまり、この47冊のどこかに肉じゃがが登場すれば、昭和13年の海軍への登場以前に肉じゃがが存在したこととなり、肉じゃが海軍起源説が否定されるわけだ。

私は読書するときは、読書メモをテキストデータとして残すことに努めている。例えば、47冊のうちの1冊「聞き書　東京の食事」に対しては「聞き書東京の食事.txt」という読書メモを作成している。以下がその読書メモの冒頭の一部。

明治28年生まれの深川左官職人　大正末期から昭和初期の食事
P16
冬の食事
朝食　麦飯　漬物　味噌汁　つくだ煮
味噌汁の実のとうふや納豆は朝売りに来る

つくだ煮や煮豆類は惣菜屋から買う

このように、どのページにどんな内容が記載されているのかを後に検索できるように、要約した内容をテキストファイルとして打ち込んでいるのだ。例えば、納豆汁の歴史を知りたい時には「納豆　味噌汁」で検索するとこの本がヒットする。

しかし、密度の濃い400ページの本の読書メモを作成するには、1冊あたり2、3日の時間がかかる。47冊全てについて読書メモを作成するのは非現実的だ。

そこで、47冊の本の全てのページをスキャナーで画像化し、OCRを使ってテキストファイルに変換した。紙の本を全て、検索可能なテキストデータに変換したのである。

テキスト化最大のメリットは、一つのキーワードで全文を検索できる点だ。

早速「肉じゃが」で検索してみる。47冊の「日本の食生活全集」の全文を検索するのに必要な時間は、ほぼ0秒だ。

すると、「聞き書　大阪の食事」の複数のページにおいて、肉じゃがが登場することがわかった。大阪では天満の雑貨商、市部の月給取り（サラリーマン）の家庭において、大正時代から昭和初期、つまり昭和13年に海軍に登場する以前から肉じゃがが食べられている。月給取り家庭での肉じゃがの作り方は次のようなものだ。

〉たまねぎは櫛形に、じゃがいもは四つ割りくらいに切る。じゃがいもは水から炊き、沸騰したら牛肉を三つくらいに切って入れ、あくをとりながら酒、醤油、砂糖で調味する。少し炊いてからたまねぎを入れ、とろりとやわらかくなったら火から下ろす。一か月に一度くらい、土曜か日曜の夜に登場するみんなの大好物だ（聞き書　大阪の食事）。

テキストデータとなっているため、引用する際には該当文章をコピーしてこのように原稿に貼り付けるだけでよい。

大阪の他には、兵庫と埼玉で鶏肉や豚肉の肉じゃがが登場する。ちなみに肉じゃがという料理名は戦後についた名前であって、戦前は別の名前で呼ばれる場合が一般的。なので「肉じゃが」以外の名前で肉じゃがと同じ料理が登場している可能性がある。

そこで「肉　じゃがいも」あるいは「肉　馬鈴薯」で検索してみる。こうすることで、肉とじゃがいもを使った料理が登場するページを検索できるのだ。

すると、カレーやシチューなどに混じって、佐賀県有田に牛肉とじゃがいもを使った「肉煮しめ」なる料理があることがわかる。

>薄切りの牛肉を二〇〇匁ほど買ってくる。じゃがいもとたまねぎを適当な大きさに切ってなべに入れ、水を加え、その上に肉をのせる。肉の上に砂糖をかけ、さらに醤油もかけてゆっくり煮こむ。肉煮しめには豚肉は使わない（聞き書　佐賀の食事）。

この「肉煮しめ」も、名前こそ違うが海軍以前に存在した肉じゃがの事例である。他にも、山梨の甲府盆地で豚肉とじゃがいもを砂糖と醤油で煮た煮もの、愛知県西三河で鶏肉とじゃがいもを砂糖とたまり醤油で煮た煮ものが存在した。

こうして紙の本をテキストデータに変換することにより、昭和13年以前に日本各地に肉じゃがが存在したこと、つまり肉じゃが海軍起源説が間違いであることを簡単に証明することができるのだ。

検索範囲をさらに広げて、全ての蔵書、読書メモ、スキャンファイルを「肉じゃが」で検索してみよう。

すると、「上方食談」（石毛直道）という対談集の読書メモがヒットする。この本によると作家の田辺聖子が子供の頃、肉じゃがは田辺家の定番のおかずだったという。

田辺聖子は昭和3年生まれなので、昭和13年に海軍に肉じゃがが登場する前後の話だ。

作家の池波正太郎によると、池波家の牛鍋は、牛の細切れとじゃがいもとねぎを醤油と砂糖で煮込んだ煮物、つまり肉じゃがだった。小学校を出て奉公する昭和10年以前の話なので、肉じゃがが海軍に登場する昭和13年より前の話だ。

>ジャガイモとかネギとか一緒に、肉を鍋にぶち込んで濃いダシ汁で煮ちゃう（完本池波正太郎大成別巻）。

>鍋に一遍水を張って野菜を入れますね。これが沸騰して柔らかくなった時に、小間切れを全部入れちゃう。それで醤油とお砂糖で甘辛くワーッと煮たのをパッとお膳に出して、皆で食うんです。唐辛子を振って（完本池波正太郎大成別巻）。

味付け不明の肉とじゃがいもの煮物ならば、この他にも大正14年の「女工哀史」（細井和喜蔵）をはじめ多数の著書に登場する。肉とじゃがいもを煮物にする習慣は、昭和初期には日本各地で一般的になっていたのだ。

次に、昭和13年以前の料理書に肉じゃがが存在するか検索してみよう。

国会図書館デジタルライブラリには91万点の本がデジタル化された状態で格納され、そのうち35万冊がインターネット上で公開されている。公開されている35万冊の中には戦前の料理書も多く含まれており、自宅にいながらネット経由で読むことができる。

ところが国会図書館デジタルライブラリの本は、ＯＣＲによるテキスト変換ときわめて相性が悪い。旧仮名遣いや解像度の低さが原因なのだが、とにかくテキストに変換すると誤変換が続出してしまうのだ。

そのため、国会図書館デジタルライブラリの本については、必ず自分の目で読んで読書メモを作成する必要がある。

現在国会図書館デジタルライブラリ上にある約１４００冊の本に対して読書メモを作成しているが、この読書メモを「肉　じゃがいも」などのキーワードで検索すると、古くは明治40年代の料理書に肉じゃがが登場することがわかる。

まずは明治41年の「最新和洋料理法」（割烹研究会編）に、牛肉の甘煮（うまに）という名で、牛肉とじゃがいもを醤油と砂糖、みりんで煮た肉じゃがが登場する。

ちなみに、昭和13年の「海軍就業管理教科書」に登場した肉じゃがレシピの料理名も「甘煮（うまに）」であった。海軍に登場する30年以上も前から、肉じゃがは一般家庭向けの料理書に載っていたわけだが、甘煮という料理名も既出だったのである。

「最新和洋料理法」以降の料理書としては、明治42年の「四季毎日三食料理法　冬の部」（安西古満子）、明治45年「和洋食物調理法　夏」（秋穂益実）、大正元年の「実用和洋惣菜料理」（桜井ちか子）、大正6年の「家庭料理の拵へ方」（秋穂益実）などに肉じゃがが登場する。

というわけで海軍が肉じゃがを発明したという俗説は間違いなのだが、これとは別に、東郷平八郎が肉じゃがを生んだという説がある。

肉じゃがで舞鶴のまちおこしを行ってきた「まいづる肉じゃがまつり実行委員会」が主張している説で、明治34年に鎮守府長官として舞鶴に赴任した東郷平八郎がシチューを作るよう料理長に命じたところ、バターなどの材料がないので和風のシチュー、つまり肉じゃがができあがったという話だ。

まいづる肉じゃがまつり実行委員会は、平成7年に舞鶴市の商業デザイナー清水孝夫が立ち上げた委員会だが、この東郷平八郎肉じゃが伝説もまた、清水が創作した架空の話、フィクションなのである。

東郷平八郎でテキストデータベースを検索すると、2件の新聞記事と1件の雑誌記事がヒットする。

毎日新聞1999年8月10日大阪夕刊には、

〉清水さんは95年、有志と「まいづる肉じゃがまつり実行委員会」を結成（著者注　この部分中略）「東郷元帥が舞鶴鎮守府司令長官だった折、英国留学中に食べたビーフシチューが忘れられず、日本風にアレンジさせたのが肉じゃがの元祖」――という由緒物語も清水さんのアイデアだ。

と、東郷肉じゃが伝説が〝清水さんのアイデア〟つまり作り話であると紹介されている。

毎日新聞１９９９年10月24日京都地方版では、インタビューにおいて清水が

＞海上自衛隊幹部から９年前、肉じゃがのルーツは旧海軍、と聞いたのがきっかけ。これは使えるなと、ピンと来まして、東郷平八郎が登場するストーリーを創作したわけです。

と答えている。

雑誌月刊地域づくり２００１年３月号では、清水本人が寄稿した記事に次のように書かれている。

＞東郷元帥が肉じゃがを舞鶴で初めて作った――こういうストーリーをつくり上げたのである。

これらの新聞・雑誌記事は、探してくることも大変だが、その数が大きくなってくると管理することもまた、大変な作業になる。

現在私は新聞雑誌の記事および、本からコピーしたページ等をスキャンしたファイルを５３５２ファイル保有している。これらを紙のままファイリングすると、山のようにファイルが積み上がることとなる。

もし紙で管理する場合、スペースの問題もさることながら、膨大な紙をどう管理するかも問題と

なる。

時系列に整理するのか、名前別に整理するのか。そして、必要な時に必要な情報を、紙の山の中から見つけ出すことができるのか。

私の管理方法は至極簡単だ。スキャンして、ＯＣＲにかけてテキストに変換する。それをクラウドにアップロードするだけだ。あとは「東郷平八郎」というキーワードで検索するだけで、上記新聞記事２つと雑誌記事１つを瞬時に引き出すことができる。

ＴＶ番組に専門家、有識者、大学教授がビデオ出演すると、必ずといっていいほど背後には、本棚にズラリと並んだ本が映し出される。

本を多数所有していることが知的権威の象徴であるという古い思い込みが、テレビスタッフと視聴者の間に共有されているからだろう。

そもそも、ネットにつなげば国会図書館デジタルライブラリという、35万冊の書庫がパソコン画面上に出現するのだ。数百冊の物理的な本を並べることに、どれほどの象徴的な意味があるのだろう。

私の部屋には本棚がない。これからスキャンされることを待っている数十冊の本が積み上がっているだけだ。

ＴＶ番組に映る本棚を見るたびに、私は勿体無い、宝の持ち腐れであろうと思う。あの本をスキャンし、テキストファイルに変換し、様々なキーワードで検索すれば、はるかに有効に活用することができるのに。パソコンあるいはタブレットで、いつでもどこでもお目当ての本のお目当てのページを瞬時に呼び出すことができるのに。

すべての情報をテキスト情報に変換し、瞬時に検索可能な状態にすること。これがテキストデータベース化の意味である。その構築には時間がかかるが、一旦構築すればその威力は絶大だ。

今後こと研究の分野においては、本棚とそこに並んだ物理的な本は、知的権威の象徴どころか、情報管理能力の不備の象徴と受け取られる日がやってくると、私は予想する。

9　和食は大阪、屋台と洋食は東京

大阪の和食に占領される東京

関東大震災の後、作家谷崎潤一郎は生まれ故郷の東京を離れ、関西に移住した。その理由を谷崎は次のように述べている。

〈それは上方に行ってうまい物を食いたかったのだ。あのバラックの震災地にいて、毎日々々一杯十銭のライスカレーを食っていなけりゃならないかと思うと、僕は寿命がちぢまる気がした（上方の食いもの　谷崎潤一郎）。

天災後にはカレー、という日本の伝統は関東大震災から始まった。

震災では日本橋魚河岸が壊滅し、年末の市場再開まで魚の流通は大きく滞った。かわって豚や牛が動物性蛋白質の供給源となり、9月5～7日ごろ屠畜場が再開すると、大鍋で大量に作れるカレーと牛めしの販売が盛況となった（震災後俄かに起った新商賣　高田芳麿　雑誌「現代」大正12年10月号）。

さて、谷崎潤一郎が関西に移住することを決めたのは、カレーライスだけが理由ではない。「上方の食いもの」において谷崎は次のように語っている。

〉全体、僕は地震の前から東京が嫌いになっていた。それには食い物の関係もたしかにある（上方の食いもの　谷崎潤一郎）。

〉今日東京の「うまい物屋」と云えば、錦水と云い、興津庵と云い、春日と云い、自笑軒と云い、多くは上方流の料理である。純粋の東京料理で食ってみたいと思うような店は一軒もない（上方の食いもの　谷崎潤一郎）。

〉僕思うに、元来東京と云うところは食い物のまずい所なのだ。純粋の日本料理は上方に発達したので、江戸前の料理はその実田舎料理なのだ（上方の食いもの　谷崎潤一郎）。

谷崎は東京の料理を散々にこきおろし、上方の料理を賞賛している。東京の食べ物がまずい。それが上方移住の理由の一つだった。

この上方料理賛美は谷崎に特有のものではなく、この時代、明治時代終わりから昭和初期にかけての食通の共通認識であった。

雑誌「食道楽」を立ち上げたグルメライターのさきがけの一人松崎天民は、昭和6年の「東京喰べある記」において、上方料理の東京征服を次のように描いている。

〉この上方料理の東漸、大阪式の鹽梅が、東京に浸潤して、所謂「江戸料理」を征服した形になつたのは、大正後期のことだつた（東京喰べある記　松崎天民）。

＞一つには料理人の多くが、大阪から入込んで來た關係もあるが、今日の割烹店の料理と云へば、美味い家の料理と云へば、大半が上方の支配下にあると云つても、決して過言ではなかつた（東京喰べある記　松崎天民）。

＞東京で有名な割烹店の中で、この上方に感化されない家は、或は一軒も無いのではあるまいか（東京喰べある記　松崎天民）。

醤油に鰹だし、味醂に砂糖という、19世紀初頭に確立した江戸料理の料亭は、上方の料亭や料理人によって次々と駆逐されていった。八百膳、八百松と言った江戸東京の伝統的料亭は廃れるか、上方風の味に変わっていった。

松崎天民の文章に「大阪式の鹽梅」とあるように、当時の上方料理の中心地は大阪であった。当時どころか、18世紀初頭から太平洋戦争前まで、上方料理の中心地は京都ではなく、大阪であったのだ。

大阪の食いだおれ、東京の食いだおれ

大阪を称して食いだおれの街という。この食いだおれとは、たこ焼きやお好み焼きのことではな

く、もともとは日本料理の〝食いだおれ〟を意味していたのだ。

渡辺忠司の「近世「食い倒れ」考」によると、大阪の食いだおれの初出は１７０２年の都の錦作「元禄曽我物語」における〝京者着て果　大坂者喰て果る〟だという。

元禄時代といえば、大坂に元禄文化が花開いた頃だ。

西廻り航路の開発により、海運の中心的ハブになり商人（あきんど）の街となった大坂。その商人の財力と、全国から集積する物資、酒、醤油、酢などの醸造業の発展、そして京都にはない瀬戸内海の新鮮な海の幸が加わって、元禄時代に大坂は食いだおれの街となったのである。

一方、現在ではほとんど聞かれなくなったが、江戸の食いだおれ、あるいは東京の食いだおれという言葉もあった。

江戸の食文化は上方の模倣から始まったが、18世紀後半から次第に独自色を強め、蕎麦に天ぷらといった特色ある江戸の味を生むようになった。

そのピークは、19世紀初めの文化文政期である。この時期には八百善のような料理茶屋文化の開花、握り寿司の流行などが生まれた。

幕末に大坂の代官を勤めた江戸生まれの旗本久須美祐雋は、大坂と江戸の文化を比較した「浪華の風」という著作を残しているが、そこで祐雋は〝諺に京の着倒れ江戸の食ひ倒れといふ〟と書いている。京都だけではなく、大坂と比較しても江戸の料理のほうが優れているというのが久須美の意見だ。

明治になってからも、〝京の着倒れ東京の食い倒れ〟（東京年中行事　若月紫蘭）という言葉が存在したが、東京大阪の二大食いだおれ都市の対決は次第に東京の劣勢が明らかになり、最終的に大阪に軍配が上がることとなる。

ただし、東京が負けたのは、料亭などの高級な和食の分野においてである。東京の食いだおれがその輝きを失っていなかった分野もあったのだ。

屋台の食いだおれは東京が本場

江戸＝東京が圧倒的な強みをもっていた分野が、下層階級の屋台食文化、路上のファストフードである。

江戸時代の握り寿司、天ぷらが路上の屋台から生まれたことは言うまでもないが、明治になってからも、東京は路上グルメの孵卵器として君臨し続ける。

その一つが、内臓食として始まった焼鳥だ。焼鳥は鶏の内臓食として東京の路上で生まれ、その後牛や豚の内臓も使うようになっていった。牛丼、明治時代の言葉で〝牛めし〟もまた、牛の内臓や頭部、すじ肉クズ肉を煮込んだ煮込みを飯にブッカケた東京の路上ファストフードがその由来である。

焼いた田楽、こんにゃくなどを茹でて味噌ダレをつけたおでんは江戸時代にも存在したが、現在のおでん＝煮込みのおでんは幕末から明治期の東京の路上で生まれた。

そして、本書で扱っているお好み焼きと焼きそば。いずれも、東京における子供相手の屋台商売から生まれた。

西洋料理と支那料理が栄えた東京

路上グルメの他にも、戦前の東京が得意とした分野がある。西洋料理と支那料理だ。谷崎潤一郎もこの二つの分野については、上方よりも東京のほうが勝っていることを認めている。

〈関西で東京より劣っているものは西洋料理と支那料理である（東西味くらべ　谷崎潤一郎）。

芥川龍之介にいたっては、大正13年に室生犀星へあてた手紙の中で、京都の〝西洋料理はへどの如して食ふ可らず〟と散々にこき下ろしている（京洛日記　室生犀星）。

昭和3年の雑誌食道楽5月号には「大阪程洋食の不味い處はない」、翌6月号には「大阪で不味いものは兎に角鰻に洋食、漬物の三つですね」「大阪の洋食は食はれないという定評がある」とある。「京阪喰べある記」（松崎天民）には大阪の通人という蘆田止水が登場するが、地元民の蘆田も谷崎と同じく、〝洋食、支那料理は、他に一歩を譲らねばならぬ〟ことを認めている。

〈京都にも大阪にも洋食らしい洋食は殆どない。堂々たるホテルの料理でも、東京の一品洋食よりまずいのが多い。（著者注　この部分中略）神戸でさえ横浜よりは劣っている（洋食の話　谷崎潤一郎）。

谷崎がここでいう〝一品洋食〟とは、洋食の屋台あるいは洋食の簡易食堂のことを指す。東京では明治期から洋食の大衆化が進んでおり、屋台の洋食でさえ、その味において京都大阪のホテルの料理を凌駕するまでになっていたのである。

マナーがうるさかった明治初期の西洋料理

明治15年生まれの随筆家、生方敏郎は、学生の頃に西洋料理の敷居が高かったことを次のように回想している。

〈西洋料理は牛屋と較べて数も遥かに少し、また繁昌しなかった。一品料理屋というものはなく、たまたま洋食店があればまず堂々としたもので、また私たち、客は自分の好きな物だけ二、三品取って食事するというようなことも知らず、万事不馴れで、小さく大人しくしていた（明治大正見聞史　生方敏郎）

〈ボーイの運ぶままに必ず定食を食べねばならぬように思っていたから、その上エチケットを無視するほど大胆でもなかったので、誰も洋食の卓に向うことを多少億劫がる傾きがあった（明治大正見聞史　生方敏郎）。

生方の学生時代というのは、およそ明治30年代ころ。当時の学生の、西洋料理への苦手意識がよくわかる。

生方の認識には若干修正が必要だ。当時の西洋料理店は定食＝フルコース（戦前の西洋料理店における〝定食〟はフルコースという意味）を強いる店ばかりでなく、一品料理主体の西洋料理店は明治10年代から存在した（風流たべもの誌　浜田義一郎）。

内田魯庵は随筆「斎藤緑雨」において、斎藤緑雨が足繁く内田魯庵のもとに通っていた明治23、24年ごろ、近所に〝今なら七銭均一とか十銭均一とかいいそうな安西洋料理〟屋があったと書いている。

明治23年発行の「東京百事便」には、銀座2丁目の西洋料理店「一品亭」が紹介されており、全て一品8銭からと謳っている。

だが、値段が手頃になっても、〝エチケット〟に〝万事不馴れ〟なのはどうしようもなかった。服装に気を使い、使い慣れないナイフにフォークを使い、スープはスプーンで音を立てずに飲む。何かマナー違反をおかせば、店員や他の客に笑われる……そんな敷居の高さが、生方のような書生をして、西洋料理店から遠ざけていた。

明治期の西洋料理のマナーは、主にイギリスの上中流階級の形式性を真似たものである。日本の上流階級がこれを踏襲するのはともかく、今となってはまことに滑稽なことだが、小僧や職人や車夫や工場労働者などの下の階級の人々までが、これが強制されると思いこんでいた。

それはまるで、抹茶を飲むためには、茶道の作法をすべてマスターしなければならないと思いこむようなものだった。実際のところ西洋料理店は、単なる食事の場としてではなく、欧米先進国の「文明」を学ぶ作法の場としての性格を強く持っていたのである。

興味はあるがマナーが面倒。そんな人々に、マナーを気にする必要なく手頃な値段で洋食を提供したのが、明治30年代から東京に隆盛した洋食の屋台であった。

マナー不要！　労働者も子供も楽しめる洋食屋台

〉東京市内の大通りを深夜に通行すると、白い金巾を家臺店に張りつけて、怪しげにEuropean. 杯（など）と書きつけて、傍の紙にシチウ三銭とか書きつけて居る處がある。これが即ち大道洋食、一名三銭シチウの名ある、西洋料理店である（実験苦学案内　徳田紫水）。

実業世界太平洋明治36年13号によると、この洋食屋台、「大道洋食」「三銭シチウ」の他に「一品西洋料理」「西洋一品料理」「軽便西洋料理」などと称していた。5、6年前、つまり明治30年頃からからちらほら見かけるようになり、昨今ではだいぶ盛んになった、とある。

洋食屋台の客層はと言うと、今まで西洋料理店を敬遠していたような、番頭、小僧、職人、人力車夫、工場労働者といった当時の下層社会の人や、金のない書生であった。

〉これは車夫以上、職人から中には鼻下の髯をひねって入って來る人もままあるが、幸に商店の小僧上り、番頭杯の類に御得意を持って居るのである（実験苦学案内　徳田紫水）。

〉（客種は）書生三分、前垂三分、あとの四分が雑種（著者注　前垂とは番頭小僧の類）（実業世界太平洋　明治36年13号）。

＞（西洋料理店の）露店料理は下等社會の需に應ずる（実業の栞　安藤直方　多田錠太郎）。

＞書生體（しょせいてい）の人陸續（りくぞく）と集ひ來り（無資本実行の最新実業成功法　実業力行会編）。

＞番頭さんや小僧連が、風呂の歸りに一皿遣って口の縁を拭ふて戻れば勞働者が茲に通を振ふ（生活難退治　無資本成功　金田晩霞）。

明治22年浅草生まれの作家、久保田万太郎が洋食と出会ったのは中学生の頃。仲見世から公園あたりに並んでいた一品洋食店、つまり洋食屋台においてであった。

＞ぼくの育つたころの淺草には……明治三十年代の淺草には、雷門に近い並木の通りに芳梅亭といふ店のあつたきり、西洋料理屋らしい西洋料理屋は一けんもなかつた。あるのはお粗末な一品洋食店ばかりだつた（町々……人々……　久保田万太郎全集10巻所収）。

＞しかし、ぜいたくな、生意氣な中學生だつたぼく（著者注　この部分中略）これらのものを喜んだ（町々……人々……　久保田万太郎全集10巻所収）

こうして洋食屋台は、それまで西洋料理を敬遠していたあらゆる階級に、ラードとヘットとウスターソースの味を浸透させていったのである。

洋食屋台は東京ローカルの商売

この洋食屋台の繁盛は、東京に特有の現象であった。

大阪朝日新聞明治32年10月7日に「行商画報」として洋食屋台の記事が載っている（明治大阪物売図彙　菊池真一）ことから、大阪にも洋食屋台が存在したことがわかるが、上方の場合東京ほどには繁盛しなかったようだ。

明治43年に大阪で発行された金儲けマニュアル、「無資本実行の最新実業成功法」には

〉関西にはあまり多くは見ざるものにして、近ごろ大阪にて往々これを見るといへども（無資本実行の最新実業成功法　実業力行会編）

と洋食屋台が明治末の関西においてあまりはやっていなかった一方、大阪では〝往々〟＝多く存在したとある。しかし大正2年に大阪で発行された「小資本営業秘訣」を読むと

〉近來この營業は東京市では随分盛んに行はれて居るが大阪や京都其他では餘り澤山見受ない斬新の行り方である（小資本営業秘訣　森本湖山）。

大阪や京都であまり流行っていないとある。また、大正3年大阪で発行された「生活難退治　無資本成功」においても次のように書かれている。

〉東京にはこの種の屋臺店、至る所にあれどまだ大阪にはさのみ繁昌せぬ（生活難退治　無資本成功　金田晩霞）。

まとめると、関西における洋食屋台は、大阪で一時的に流行りはしたがその後衰退し、東京のように継続して繁盛はしなかったようなのだ。

〉京都にも大阪にも洋食らしい洋食は殆どない。堂々たるホテルの料理でも、東京の一品洋食よりまずいのが多い（洋食の話　谷崎潤一郎）。

と谷崎潤一郎は指摘した。東京では、洋食屋台が洋食の客層を下層階級や学生にまで広げることで、裾野の広い洋食ファンを生んだ。その洋食ファン市場が、安くてうまい洋食を育くみ、それがまたファンを生む好循環を生み出していたのである。

洋食屋台での調味法

さて、洋食屋台における調味法の実際はどのようなものであったのだろうか。

東京に洋食屋台が増え始めた明治30年代ごろから、都市部に人口が流入しはじめる。産業構造の変化に伴う、農村部から都会への人口移動が始まったのだ。また、若者たちは将来の発展性を見込んで、東京などの都会の学校に進学するようになった。

上京しても何の職につくべきかわからない者や、働きながら学校に通おうとするいわゆる苦学生のために、明治30年代から都会での起業マニュアルが出版されるようになる。先に引用した洋食屋台の客層についての分析は、この起業マニュアルからの引用である。

起業マニュアルには、買うべき調味料や、簡易な調理のコツが書かれており、その内容から当時の洋食屋台における調味法を垣間見ることができる。

・実業世界太平洋明治36年13号

購入する調味料　バター　ソース　焼塩　辛子（からし）

・実験苦学案内（徳田紫水）明治36年発行

「大体の甘辛の加減は一切『ソース』とか『辛子』とかの薬味で付ける」

各料理の調味法

シチウ　バターと胡椒

ビフテキ　バターと胡椒

オムレツ　塩胡椒で下味をつけソースを添付

カツレツ　バターで焼く

・無資本実行の最新実業成功法（実業力行会編）明治43年発行

（実験苦学案内とほぼ同じ内容）
「甘いや辛いやの加減は、ソースや辛子などの薬味にてほどよくすべし」
各料理の調味法
シチウ　バターと胡椒
ビフテキ　バターと胡椒
オムレツ　塩胡椒で下味をつけソースを添付
カツレツ　バターで焼く
・無職者無資本者の顧問（岩崎徂堂）大正2年発行
購入する調味料　バター　ソース　焼塩　辛子（からし）
・五円までゞ出来る営業開始案内（社会救済会本部編）大正3年発行
購入する調味料　ソース
・生活難退治（金田晩霞）大正3年発行
「ソースも本に製法が掲載してあるから、自分で拵へれば一合二銭位の割で能きる」
・立志成功就職者の顧問（鈴木皓天）大正4年発行
購入する調味料　ソース　焼塩
・自活之指針（三谷素啓）大正6年発行
購入する調味料　バター　ソース　焼塩　辛子（からし）
・上京して成功し得るまで（福田弥栄吉）大正6年発行
購入する調味料　バター　ソース　焼塩　辛子（からし）

主たる調味料は塩コショウバターにソース。このソースとはいわゆるウスターソースである。

この時期、トマトケチャップやマヨネーズやドレッシングはさほど普及していない。素人相手の安洋食であるからして、精養軒や帝国ホテルのように本格的なソース、フォンやグレービーを作る技術もなければ、コスト的にも見合わない。

必然的に主力調味料はウスターソースとなる。

洋食屋台だけではない。ウスターソースはこの時期、明治30年代にすでに、日本の洋食の主力調味料となっていた。これについては「［コラム］日本の洋食とウスターソース」を参照していただきたい。

お好み焼きとソース

明治30年代の東京の縁日。

人形焼や軍艦焼など、小麦粉製の焼菓子が流行する中、旧態依然とした文字焼の屋台は閑散としていた。

一方で、ウスターソースの香りを漂わせる新興の洋食屋台が、労働者や職人、車夫、書生などの大人たちの人気を集めていた。

「今流行しているあの洋食も、価格を下げて提供すれば、子供たちが小遣いで買えるようになるのではないか」

そう考えた文字焼屋台の主人が、ウスターソースと油と鉄板を買い、手慣れた水溶き小麦粉焼きの技術で、洋食風の安い駄菓子料理を作りはじめた。

これがお好み焼きの始まりなのではなかろうか。


だが、なぜ日本料理である天ぷらのパロディ〝天もの〟にもウスターソースを使ったのであろうか。また、中華料理のパロディである焼きそばにウスターソースを使うのも、考えてみればおかしな話だ。

天ぷらならば醤油を使うべきではなかったのか。焼きそばだって、ウスターソースよりは醤油を使ったほうが、中華料理にふさわしいはずだ。

この謎を解くには、ウスターソースとは何かについて知る必要がある。

戦前のウスターソースは、現在のウスターソースとは別物だった。本家のリーアンドペイリンのウスターシャソースも、それをまねた日本製のウスターソースも同様である。第二次世界大戦を境にして、ウスターソースの原料と味は、ガラリと変わってしまったのだ。

戦前のウスターソースは、本家リーアンドペイリンのそれを含め、醤油を主原料として使っていたのである。

とりわけ、子供向けのお好み焼き屋台が使うような安いウスターソースは、醤油の比率が高く、醤油とウスターソースの境界線は極めて曖昧なものだった。

次の章では、少し寄り道をして、戦前のウスターソースと醤油の関係について検討する。

［コラム］日本の洋食とウスターソース

フライやカツにソースをかける習慣は明治20年代から

日本では、洋食の揚げ物、カツやフライやコロッケにウスターソースをかけて食べる。現在のイギリスではあまり見かけないが、小麦粉をつけ溶き卵にくぐらせ、パン粉をつけて揚げる料理は、ウスターソースの発祥国イギリスの、19世紀における定番の料理法であった。だが、揚げ物にウスターソースをたっぷりかけて食べる、というのは明治期に日本人が考え出した食べ方であって、イギリスオリジナルの食べ方とは異なるようだ。

日本のウスターソースの元祖である、リーアンドペイリンのウスターシャソースの歴史について書かれたBrian KeoghのThe Secret Sauce − A History of Lea & Perrinsには、最初期（１８４０年代）のラベルの内容がテキスト化されており、そこにはそのころのウスターシャソースの使用法が書かれている。

フライドフィッシュ向けには、ウスターシャソースをバターと混ぜて使うとある。本場の使い方は、ソースをフライに直接かける日本の使い方とは違ったようだ。

ちなみに混乱を避けるためにこの本で使う用語を定義しておくが、以降、リーアンドペイリンの商品を「ウスターシャソース」、このウスターシャソースに類似の瓶詰めの黒いソースを、輸入品国産品にかかわらず「ウスターソース」と定義する。

リーアンドペイリンのウスターシャソースは、同類の瓶詰めソース類の元祖でもなければ唯一の商品でもない。例えば、日本西洋料理の草分けの店の一つである精養軒は、「OKソース」を輸入していた。

イギリスでは18世紀末からウスターシャソースのような黒い瓶詰めソースが販売されており、リーアンドペイリンのウスターシャソース自体が、雨後の筍のような後発メーカーの類似品の一つにすぎないのだ。

閑話休題。洋食の揚げ物にウスターソースをかけて食べる習慣は、明治20年代から確認できる。

明治26年10月6日の時事新報に掲載された家庭向けレシピ「何にしよう子（ね）」に〝フライ〟が出てくる。現在と同じ、パン粉をつけて揚げる牡蠣のフライなのだが、その調味法は〝ソースにて用ふ〟とある。

そのソースだが、ソースの製法は書かれておらず、〝買物〟の対象として牡蠣やパン粉とならんで〝ソース〟とあるので、市販のソースをカキフライにかけていたこと、そして、〝ソース〟といえばお手製のソースではなく、

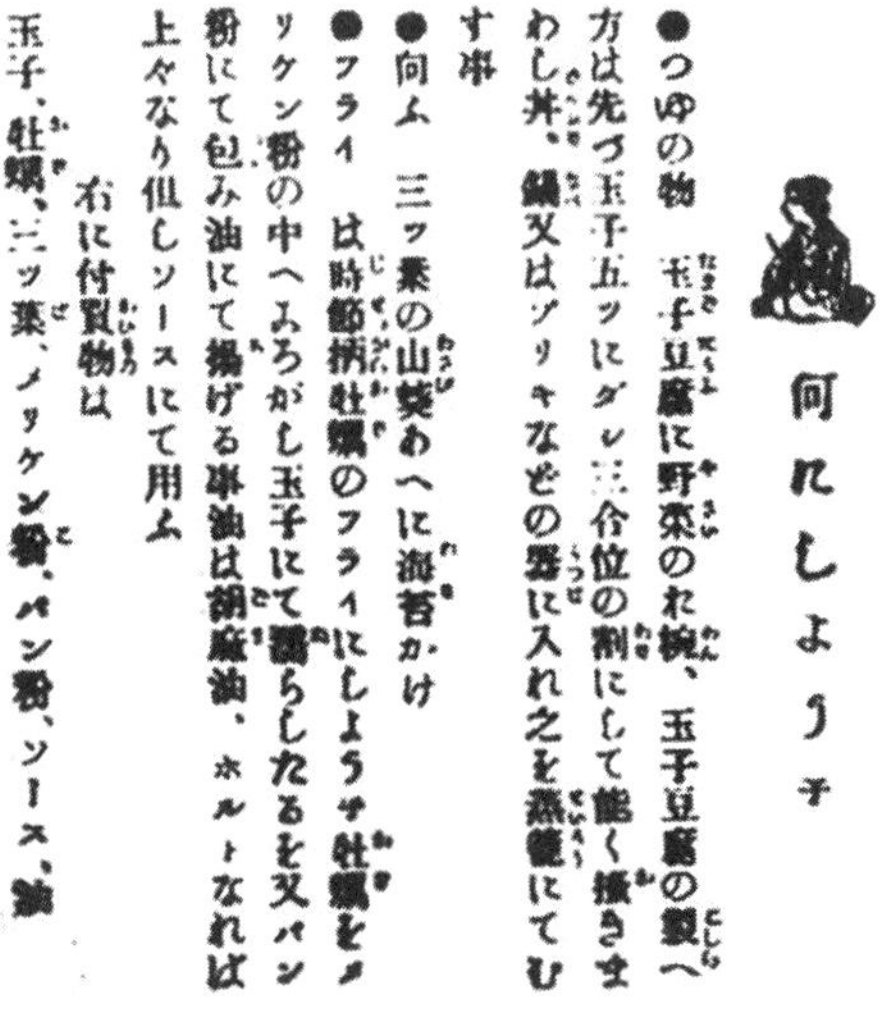
何にしよう子

●つゆの物　玉子豆腐に野菜のわん、玉子豆腐の製へ方は先づ玉子五ツにダシ三合位の割にして能く掻きまわし丼、鍋又はゾリキなどの器に入れ之を蒸籠にてむす事

●向ふ　三ツ葉の山葵あへに海苔かけ

●フライ　は時節柄牡蠣のフライにしようサ牡蠣をメリケン粉の中へふろがし玉子にて濡らしたるを又パン粉にて包み油にて揚げる事油は胡麻油、ホルトなれば上々なり但しソースにて用ふ

右に付買物は

玉子、牡蠣、三ツ葉、メリケン粉、パン粉、ソース、油

時事新報明治26年10月6日　何にしよう子

市販ソースを意味していたことがわかる。

篠田鉱造の「幕末明治女百話」に、明治25、6年頃の話として、京橋鍋町の三橋亭で西洋料理を食べる体験談がでてくるのだが、そこでは次のようにエビフライにソースをかけて食べている。

〉お醤油（したじ）をかけますから（幕末明治女百話　篠田鉱造）。

〉ソノお醤油（したじ）のからいことといったら口の中がスウスウいうようなんでした。ソースの口の開け立てなんです（幕末明治女百話　篠田鉱造）。

〃ソースの口の開け立て〃ということは、市販のソースの栓の開けたてだったのだろう。この市販ソースは、〃お醤油（したじ）〃ともよばれている。醤油に似た黒いソース、つまりウスターソースを使ったのであろう。

ウスターソースのような市販のソースは、〃ソース〃という名前が定着する前は〃醤油〃とよばれることもあった。明治5年出版の「西洋料理指南」ではテーブル上の調味料入れの説明があり、ソースは日本にはない舶来の〃醤油〃である

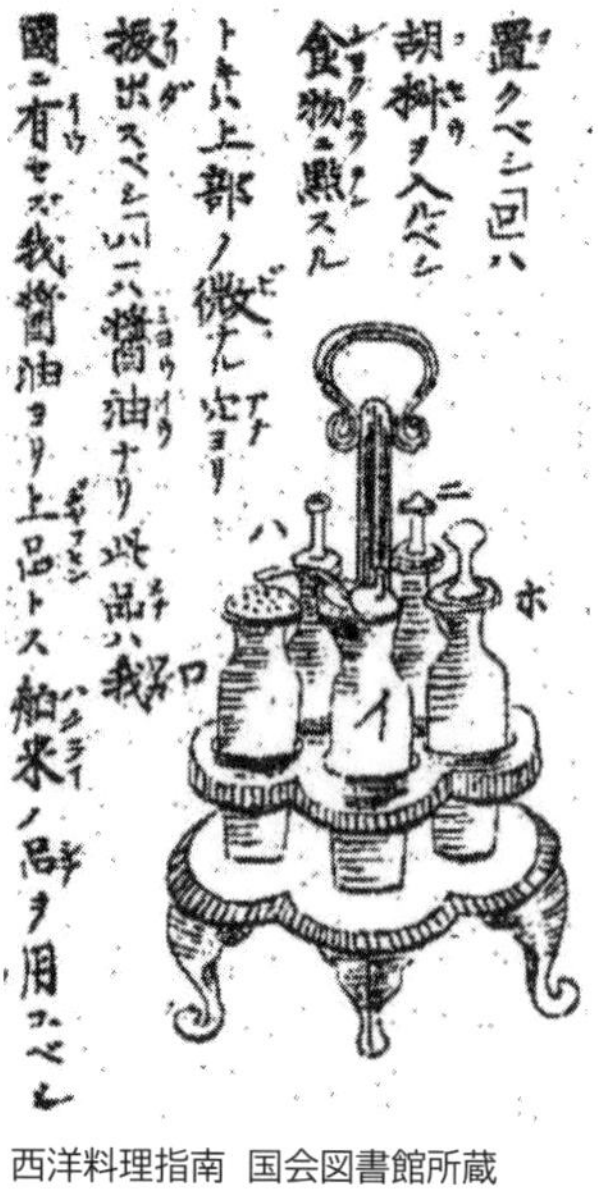

西洋料理指南　国会図書館所蔵

と説明されている（前ページの絵）。

明治25年に発行された割烹受業日誌は、高知県の尋常中学校女子部において明治23年から行われていた調理実習の記録である。そこにビフカツレツ、つまり牛カツのレシピが載っているが、その調味法は〝食塩ソース辛子等の類を供ふべし〟とある。ソースの製法については全編にわたって記述がないため、これも市販のソースであると思われる。

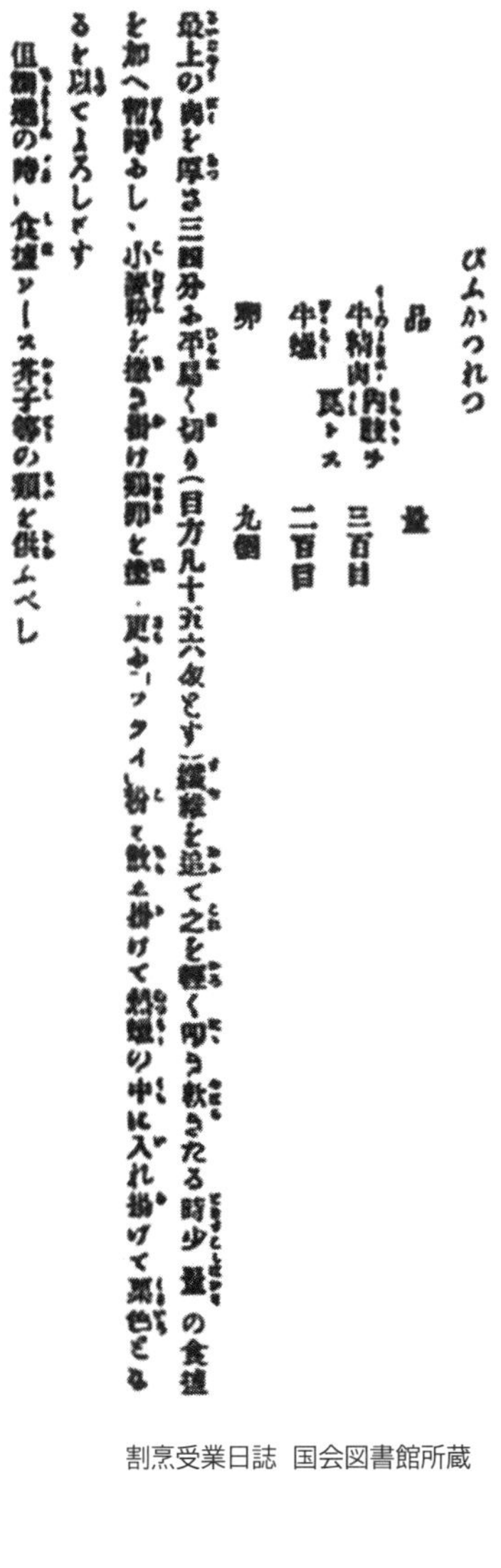

びふかつれつ
品　量
牛精肉内股ナ　三百目
牛脂　叉ハラルト　二百目
卵　九個
最上の肉を厚さ三四分ニ平扁く切り（目方凡十五六匁とす）繊維を逐て之を軽く叩き軟ぎたる時少量の食塩と加へ胡椒ふし、小麦粉を撒り掛け鶏卵を塗・更ニパンクライ粉ヲ敷き掛けて熱脂の中に入れ揚げて黒色となるを以てよろしとす
但調進の時、食塩ソース芥子等の類を供ふべし

割烹受業日誌　国会図書館所蔵

ウスターソースの普及は明治20年代から

「明治西洋料理起源」（前坊洋）によると明治8年には高知県に西洋料理店が開店している。明治20年発行の「南陽高知商之便覧」（三田到十郎編）によると、高知には西洋料理店に加えて船来品や洋酒を売る店が複数あり、当時からウスターシャソースなどの西洋の調味料が入手できる環境にあった。

明治屋は〝わが国にソースの輸入が本格的に始まったのは、明治三十三年明治屋がウスターソースの輸入を行ってからである。〟と「明治屋百年史」に書いているが、これは事実に反する。ウスターシャソースを含めたウスターソースの普及は明治時代初めから始まっている。

明治12年に岡山県庁が落成した時、神戸よりコックを招いて西洋料理の祝宴が開かれたが、そのテーブルの上にはウォースター・ソース（ウスターソース）の瓶が置かれていた（衣と食の歴史　青木英夫、大塚力）。

後に述べるが、丸善は明治20年以前から輸入した「ウースター・ソース」を全国に卸売販売していた。

そして今まで見てきたように、遅くとも明治20年代には、現在のようにソースといえばウスターソース類を指すようになっていた。また、次の章で詳しく述べるが、国産ウスターソースも明治20年代には普及している。

明治29年の「西洋料理法」（大橋又太郎編）には、西洋料理に使う材料の市価の目安一覧が載っているが、そこにはバターやカレー粉とならんで〝ウヲルセスタソース〟（ウスターシャソース）

小瓶一本三十銭位と記載されている。明治20年代末には、ウスターシャソースはバターやカレー粉に並ぶ洋食の基本調味料となっていた。

しかも「西洋料理法」の価格は明治屋のライバル、亀屋を参考にしていた。明治屋は自身がウスターソース輸入の先駆者だと主張しているが、実際はというと丸善や亀屋などのライバルが開拓したウスターソース市場に遅れて参入した後発組にすぎないのだ。

ビフテキにもウスターソース

さて、明治の日本人がウスターソースをかけていたのは、フライやカツレツだけではない。ステーキの調味料もまた、ウスターソースだった。

明治26年生まれの作家、獅子文六は次のように述べている。

〉私は家庭で作るビフテキに、ウースター・ソースを用いないで、醤油にする（食味歳時記　獅子文六）。

ということは、世間一般的にはビフテキにはウスターソースを用いていたということだ。

池波正太郎は完本池波正太郎大成別巻における荻昌弘との対談において、ウスターソースで焼いていた昔のビフテキについて語っている。

>池波　〔今半〕特製のビフテキといったら、昔のままの味が残っている。
>荻　〔今半〕はビフテキも出すんですか。
>池波　ウスターソース焼きのようなビフテキでね。〔須田町食堂〕でビフテキやるような、ソースで焼くやつなんだ。（荻昌弘との対談　完本池波正太郎大成別巻所収）

すき焼きの老舗である今半や、現在の外食チェーン聚楽の前身である須田町食堂では、ウスターソースでビフテキを焼いていた。それが池波にとっては昔のままの味なのである。

このビフテキにウスターソースという習慣は、日本独自のものではない。元祖であるイギリスでも、ステーキにウスターソースをかけていた。

これ（下の絵）はリーアンドペイリンの広告だが、ステーキを目の前にした男が、ウェイターにウスターシャソースを運ばせて「そうそう、それだよ（That's it）」と納得している場面だ。

先程言及した１８４０年代のウスターシャソース使用法にも書いてあるが、ステーキやチョップなどの焼いた肉にウスターソースをかけるのは、イギリス本来の使い

方なのだ。

ステーキにウスターソースをつけて食べるのはイギリス由来の使い方だが、フライやカツレツにかけて食べるのは日本独自の食べ方だ。

また、明治時代の洋食屋台開業マニュアルに、オムレツには塩胡椒で下味をつけソースを添付するとあったが、このオムレツにウスターソース、というのも、ウスターシャヤソースの使用法にはない日本独自の習慣だ。

ウスターソースさえかかっていれば、それは洋食

支那事変で開催が中止となったが、昭和15年の夏季オリンピックは東京で行われる予定であった。オリンピック開催にあたり、外国からのお客様の食事をどう提供すべきかについて、糧友会と東京の調理師団体代表が事前に研究を重ねていた。

その結果は昭和14年に「西洋料理の典型研究記録」として刊行されている。その中で日本の西洋料理において修正すべき問題点として、何にでもウスターソースをかける習慣がとりあげられている。

＞山崎　日本の人はウスターソースを矢鱈にかけたがりますね、あんなことも矯正すべき一ポイントではないのでせうか。
＞井上（米）　さう、洋食には必ずソースをかけると思い込んでゐる人が實に多いです。

〈高橋　ウスタソースは最上のソースでもないのにね（西洋料理の典型研究記録）。

洋食には必ずウスターソースをかけるという思い込みが、戦前の日本人にはあった。

肉や卵を焼いたり揚げたりするだけで、あとはウスターソースをかければすなわちそれは洋食である。この明治期に生まれた日本独特の習慣が、その後洋食が普及する手助けとなった。

東京では明治30年代から洋食屋台が現れたが、そこでの味付けは

〈大体の甘辛の加減は一切『ソース』とか『辛子』とかの薬味で付ける（実験苦学案内　徳田紫水）。

というものであった。

苦学生や上京したての者などの、西洋料理の修行経験もなくその時間も機会もない人間が洋食屋台を運営できたのは、「焼いたり揚げたりしたものに、ウスターソースをかければ洋食である」という概念が、日本人に共有されていたからだ。

これがウスターソースではなく、手製のデミグラスソースであったならば、素人が洋食屋台を立ち上げることなど無理であったろう。

デミグラスソースでは屋台経営としてコストがかかりすぎるし、正統派のコックとしての修行も必要だろう。そもそもそのようなソース作りの腕があれば普通のレストランでコックとして雇われるはずであり、洋食屋台で働く意味もなかったはずだ。

安い洋食を提供する洋食屋台というジャンル自体が、洋食には必ずウスターソースをかけるという日本人独特の思い込みがあって初めて成立したのである。

洋食屋台だけではない。家庭料理として洋食が普及したのも、肉屋がコロッケやカツレツを売り出したのも、味付けは市販のウスターソースをかけるだけ、という簡易さがあってのことだ。日本の洋食はウスターソースのおかげで大衆に普及していったのである。

東京に洋食屋台が広まったのは明治30年代だが、同じ時期に人形焼や鯛焼きなどの焼菓子の影響で衰退していた文字焼屋台が、子供向けの洋食屋台に転業しようとして生まれたのが、お好み焼きである。それが前章までの推論であった。

子供相手の大道の焼菓子屋が、西洋料理店で修行しなくとも、洋食を自分で作れると確信した。そして、実際に人々がその〝お好み焼き〟を見て、食べて、洋食のパロディであると認識した。

それは小麦粉と肉とキャベツの駄菓子料理に、ウスターソースがかかっていたからだ。当時の日本人にとって、洋食とはすなわちウスターソースがかかっているものであり、逆に言えばウスターソースさえかかっていれば、それが洋食であると認識したのである。

10 戦前のウスターソースの原料は醤油だった！

明治20年代に普及していたウスターソース

イギリス人のバジル・ホール・チェンバレンは、いわゆるお雇い教師として、明治6年から44年まで日本に滞在していた。彼が英語で書いた日本事物の入門書Things Japaneseに西洋料理の項目が加わったのは、明治31年発行の第三版からである。

>Most Japanese towns of any size now boast what is called a seiyo-ryori, which, being interpreted, means a foreign restaurant (Things Japanese 3rd edition Basil Hall Chamberlain).

〝大小を問わず町という町には西洋料理店がある〟とチェンバレンは書いている。明治24年発行の第二版にはこの記述がなかったので、明治20年代後半に西洋料理店が日本各地に広がっていったことがわかる。

>Unfortunately, third-rate Anglo-Saxon influence has had the upper

Most Japanese towns of any size now boast what is called a *seiyō-ryōri*, which, being interpreted, means a foreign restaurant. Unfortunately, third-rate Anglo-Saxon influence has had the upper hand here, with the result that the central idea of the Japano-European cuisine takes consistency in slabs of tough beefsteak anointed with mustard and spurious Worcester sauce. This culminating point is reached after several courses,

Things Japanese 3rd edition
by Basil Hall Chamberlain, 1898

hand here, with the result that the central idea of the Japano-Europian cuisine consistency in slabs of tough beefsteak anointed with mustard and spurious Worcester sauce (Things Japanese 3rd edition Basil Hall Chamberlain).

不幸なことに、日本の西洋料理は三流のイギリス(Anglo-Saxon)料理の影響を受けていると、チェンバレンは観察する。その結果、固いビーフステーキに辛子と偽物（spurious）のウスターソースをかけて食べるようになってしまったのだと。

「[コラム]日本の洋食とウスターソース」において指摘したとおり、ビーフステーキにウスターソースをかける習慣はイギリスに由来するものだ。戦前の日本では、イギリスの習慣に従い、ビーフステーキの調味料としてウスターソースを用いていたのである。

チェンバレンによると日本で使われているウスターソースはspurious（偽物）だった。偽物ということはすなわち、リーアンドペイリンのウスターシャソースを真似た国産のウスターソースが、明治20年代後半に普及していたということになる。

（ここであらためてこの本で使う用語の定義を説明しておくが、リーアンドペイリンの商品を「ウスターシャソース」、このウスターシャソースに類似した瓶詰めの黒いソースを、輸入品国産品にかかわらず「ウスターソース」と定義する）

国産ウスターソース、鳩ソースの成功

明治23年の4月から7月にかけて、東京上野公園で開催された第三回内国勧業博覧会に、国産のウスターソースが複数出品されていた。その評価が明治24年出版の第三回内国勧業博覧会審査報告（第三回内国勧業博覧会事務局編）に書かれている。

＞「サウス」（通常サウス蕃茄サウス）ハ観ルヘキモノ僅少ニシテ概ネ其資料ノ配合宜キヲ得ズ随テ舶斎品ニ劣ル数等ナルモノ多カリシカ獨茨城縣常陸國信太郡鳩崎村關口八兵衛ノ出品ハ佳良ナリシニ由リ之ニ褒状ヲ擬セリ（第三回内国勧業博覧会審査報告　第三回内国勧業博覧会事務局）

ソース（サウス）として通常ソースとトマト（蕃茄）ソースが出品されていたようだ。この表現から、明治23年時点において既に、通常の「ソース」といえばウスターソース類を意味していたことがわかる。

明治23年時点での国産品に対する評価は厳しく、舶来品に数段劣る製品ばかりだったようだ。その中唯一高く評価された国産のウスターソースが、〝關口八兵衛ノ出品〟であった。

常総名家伝（木戸偉太郎編）によると、関口八兵衛は茨城県鳩崎村、現在の稲敷市北部の名家関口家に養子に入り、家業の鳩崎醤油を継いだ。その後ビールやレンガの製造など新たな産業を鳩崎村に興したが、その新産業の一つがウスターソースの製造であった。

博覧会の前年、明治22年11月6日の読売新聞朝刊に、関口八兵衛が製造販売する「ハトソヲース」の広告が掲載されている（次ページ）。後に「鳩ソース」とよばれる製品で、名前の「鳩」は関口家がある鳩崎村からとったものであろう。第三回内国勧業博覧会に出品されたのはおそらくこの鳩ソースと思われる。

この鳩ソース、明治22年の段階で既に大規模な成功をおさめていたことが、広告からうかがい知ることができる。

鳩ソースの取扱店舗は50軒以上。北は宮城から西は大阪まで販売地域は10県以上にまたがっており、全国的に販売されていたことがわかる。また、販売店の中には、東京で最も古い西洋料理店三河屋久兵衛も含まれる。

明治37年3月12日の読売新聞にも鳩ソースの記事が載っているが、大阪の博覧会（第五回内国勧業博覧会）および巴里の大博覧会（1900年パリ万国博覧会）にて好評を博しているとある。また、近年輸出量が著しく増えているともある。

確かに第五回内国勧業博覧会審査報告には〝又「ソース」ハ茨城産ノ一點賞格ヲ具ヘシニ過キス〟とあり、第三回と同じく、国産ウスターソースとしては鳩ソースのみが高く評価されていたようだ。

明治22年以前から明治37年以降まで、少なくとも15年以上国内外に販売を続け、高い評価をえてきた鳩ソースは、日本で初めて成功した国産ウスターソースといえるであろう。チェンバレンの言う偽物(spurious)のウスターソースの中には、

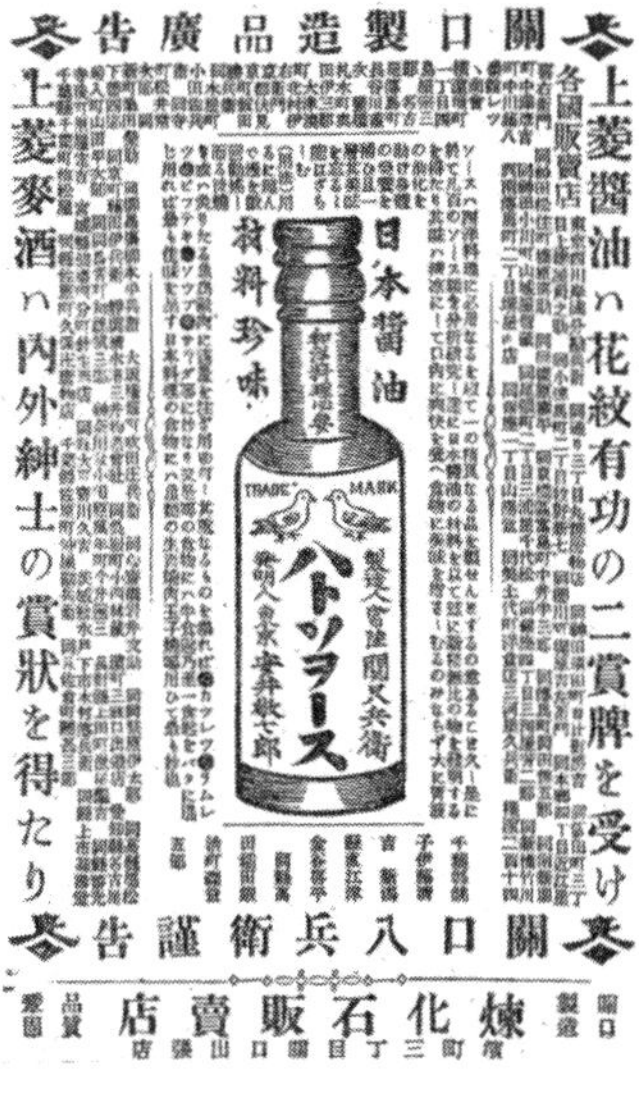

読売新聞明治22年11月6日朝刊
ハトソヲース（鳩ソース）広告

この鳩ソースが含まれていたのかもしれない。

国産ウスターソースの父、丸善の安井敬七郎

さて、明治22年の鳩ソース（ハトソヲース）の広告に載っている販売店の中に、注目すべき店がある。丸善唐物店だ。以下、「丸善百年史」に則って丸善と鳩ソースの関係について述べる。

当時の「唐物」とは、欧米からの輸入品およびその模造国産品を意味する。現在は書店の印象が強い丸善だが、当時は輸入品やその模造国産品を全国に卸売販売していた。

その卸売部門が丸善唐物店であり、現在残っている最も古い明治20～21年の丸善唐物店のカタログには、「ウースター・ソース」つまりリーアンドペイリンのウスターシャソースも掲載されている。丸善は明治屋よりも十数年以上早く、ウスターシャソースを輸入し全国に販売していた。

鳩ソースの全国販売網の構築には、丸善唐物店がかかわっていたと推測する。というのも、丸善は鳩ソースの卸売販売だけでなく、鳩ソースの製造にも密接に関わっていたからだ。

明治22年の鳩ソースの広告には、真ん中にソースの瓶の絵が大きく描かれている。そのラベルには、向かって右に「製造人　常陸　関口八兵衛」、左に関口八兵衛と同じ大きさの文字で「発明人　東京　安井敬七郎」とある（下の拡大図参照）。

この安井敬七郎、当時の丸善の社員で、丸善の製造部門「工作部」を仕切っていた人物である。つまり鳩ソースとは、丸善の社員が開発したものを関口八兵衛が製造し、それを丸善が全国に卸売販売していたウスターソースなのである。

安井敬七郎は仙台藩生まれ。明治11年ごろに、それまで輸入に頼っていた筆記用インクを国内で製造するようになる。その後明治18年に丸善に入社。丸善でインク製造を継続するとともに、その製造部門「工作部」を仕切り、インク以外にも洋酒や清涼飲料、歯磨き粉等を製造していた。

鳩ソースは、丸善工作部の安井敬七郎と関口八兵衛がタッグを組んで世に送り出した国産ソースである。安井敬七郎自身はその後明治25年に丸善を退社し、明治29年に後の阪神ソースの前身となる工場を神戸に設立している。

さて、明治22年の鳩ソース（ハトソヲース）の広告には、不可解な単語が出てくる。「日本醤油材料珍味」（下の拡大図参照）。この文字だけ大きく強調されており、いわば鳩ソースの最大のアピールポイントは「日本醤油」にあったと考えられる。

だが、日本の調味料である醤油の前にわざわざ「日本」の文字をつけるのは、不自然であろう。なぜ醤油の前に「日本」とつけるのか。

それはリーアンドペリンを含めた英国のウスターソース類が、原材料に支那醤油、つまり中国産の醤油を使っていたからだ。

中国産ではなく、日本人が慣れ親しんだ日本産の醤油を使って

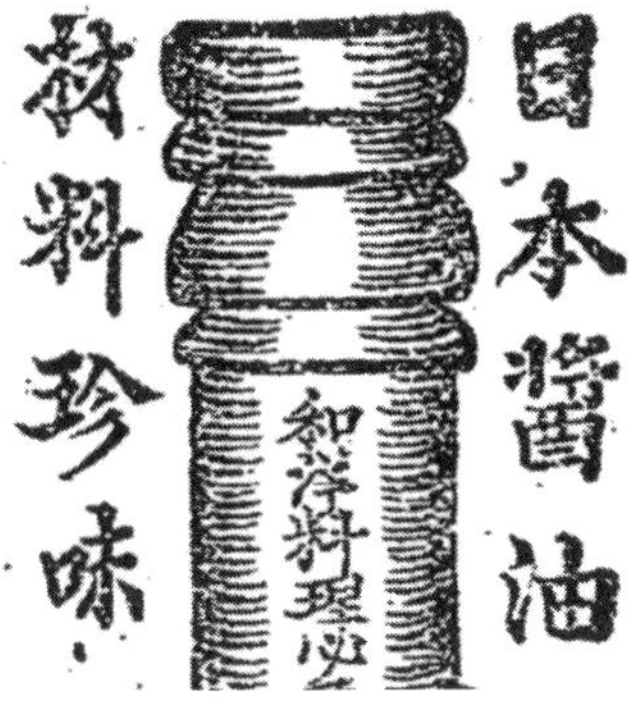

いることをアピールするために、鳩ソースはわざわざ醤油の上に「日本」の文字を冠したのである。

リーアンドペイリンのウスターシャソースの原料は中国産醤油

１８８１年（明治14年）に出版されたFrancis Beatty ThurberのCoffee; from plantation to cupは、世界各地のコーヒーの生産と消費、およびその歴史を追ったルポタージュである。その巻末に「おまけ」として、世界各地を旅した際の雑記が付記されている。

最初は日本に渡った時の話で、コーヒーに多少絡んだ話であるからか緑茶などの喫茶風俗が描かれている。次に中国に移動した著者は、やはり喫茶風俗について調べた後、広東で食品産業の工場を見学している。その見学先の一つが醤油工場なのだが、

>Most of the soy manufactured here is shipped to England, where it is used in large quantities as a base for the manufacture of sauces (Coffee; from plantation to cup. A brief history of coffee production and consumption by Francis Beatty Thurber).

そこで生産された醤油のほとんどはイングランドに輸出され、ソース製造の主な原

gives a zest and relish to meats, fish, etc. Most of the soy manufactured here is shipped to England, where it is used in large quantities as a base for the manufacture of sauces.

Francis Beatty ThurberのCoffee;
from plantation to cup, 1881

料として大量消費されている、と記されている。

リーアンドペイリンのような英国産ウスターソースは、中国産の醤油を原料としていた。このことは、明治初期の日本の醤油メーカーや政府も把握していた。

農商務省の要請を受けた外務省香港領事が、香港における「西洋ソース」向け支那醤油の輸出状況を調べたところ、英国への輸出額は1年間に20万ドルにのぼっていたという。

その調査時期は不明だが、明治19年に東京醤油会社から外務省に提出された「醤油輸出意見書」にそのことが言及されているので、明治19年以前のことであろう。

今日のように外国に渡航することが簡単ではなかった時代、外務省の海外領事館は、日本産業の輸出マーケット調査役も引き受けていた。官民協力して醤油の輸出可能性について調査していたため、外務省の文書にその関連記録が残っているのだ。

「醤油輸出意見書」には、東京醤油会社がロンドンのソース会社に日本産の醤油を送り、意見を求めたことも書かれている。その返答として、品質は良好だが中国産の醤油のほうが安い、価格が重要であるとの指摘を受けたという。

日本の政府及び醤油メーカーは、中国産の醤油がソースの原料としてイギリスに大量に輸出されていることを把握しており、日本の醤油をイギリス産ソースの原料として輸出する可能性を探っていた。しかし、品質はともかく価格面で中国産に負けていたらしい。

アメリカにもイギリスと同じく、ウスターソース産業が存在した。そのアメリカへの日本産醤油輸出を模索していたのが、ヤマサ醤油の七代目濱口儀兵衛である。

〉本邦醤油ノ初メテ欧米ニ輸出セラシシハ明治十八年ノ頃ニテ当時「山サ」醤油醸造元ナル濱口儀兵衛氏米国ニ渡リ是ガ販売ヲ試ミタリ其目的ハ「ソース」ノ原料ニ供セン見込ナレトモ原料トシテハ價格高キニ過キタルヲ以テ意ノ如ク能ハザリ（外務省資料　欧州ニ於ケル日本醤油ノ商況在倫敦総領事ヨリ報告ノ件）

濱口儀兵衛は訪米先のニューヨークで客死するが、その訪問の目的は、米国のソース産業への日本醤油の売り込みであった。だが、〝價格高キニ過キタル〟という理由で売り込みは果たせなかったらしい。おそらく、中国産の醤油に価格面で対抗できなかったのであろう。

明治の初めの頃には中国産醤油に価格面で敗退していた日本産醤油だが、大正時代になるとソース原料用の海外輸出が軌道に乗っていたようだ。

大正2年に発行された醤油沿革史（金兆子）において、湯浅醤油がソース用に輸出されていたことが書かれている。「近時」つまり大正2年ごろには、ソースの原料用としての海外需要が高まっていたそうだ。

〉明治二十年、海外輸出の道を開き、年に月に、輸出額の増加を見はしつつあり、本來海外輸出は、全く食料に資する目的なりしが、近時「ソース」の原料に適することを、發見せらるたりにより、随ふて、其輸出額の多きを見るに至れり（醤油沿革史　金兆子）。

大正4年発行の通俗醤油醸造法講義録（葛岡陽吉）には、リーアンドペイリンのウスターシャソースをはじめ、イギリスのウスターソース類には日本産醤油が使われているとある。
＞現に「ウヰスター・ソース」と云ふ「ソース」が英国で製造販賣せられて居るが之れは日本醤油を原料としたもので、其他にも日本醤油を原料として製造した「ソース」が多くなって居る（通俗醤油醸造法講義録　葛岡陽吉）。

大阪毎日新聞の大正5年12月13日記事「輸出有望の国産」には「輸出有望品としての国産品」の一覧が掲載されているが、その対欧洲方面の一覧に「醤油（ソース原料）」と記載されている。

このように日本側の資料から、ウスターシャソースを含むイギリスのウスターソース類がその原料に醤油を使用していたことがわかるが、海外の資料においても、ウスターシャソースが原料として醤油を使用していたことが確認されている。

HISTORY OF WORCESTERSHIRE SAUCE (1837-2012)：EXTENSIVELY ANNOTATED BIBLIOGRAPHY AND SOURCEBOOK by William Shurtleff & Akiko Aoyagiは、リーアンドペイリンのウスターシャソースに関する歴史的な資料をまとめたものである。

著者たちは、ウスターシャソースは醤油を原料としていたと結論づけている。そのことを示唆する資料の数は１０１件にのぼり、その中には二十世紀初頭の化学的分析も含まれている。

著者たちはリーアンドペイリン関係者からの証言も得ている。１９９１年にウスターシャソース工場のゼネラルマネージャーだったJ.W. Garnettに確認したところ、１９４０年以前は確かに、ウスターシャソースは醤油を原料として使っていたという。

>I am certain that Lea & Perrins' Worcestershire Sauce contained soy sauce up to 1940 when supply became extremely difficult due to the Second World War. We have a recipe dated 1948 which records the use of soy sauce as being discontinued, so we assume that it was not reintroduced following the end of Second World War. I'm sorry I cannot be more specific.

１９４０年以降、第二次世界大戦が原因となり醤油の調達が難しくなったという。１９４８年のレシピでは醤油を使用していないことから、終戦後醤油の使用は復活しなかったのではと推測している。

リーアンドペイリンのウスターシャソースが日本で受け入れられたのは、中国産とはいえその原料に醤油を含んでいたからではなかろうか。

だが、現在のウスターシャソースに醤油は含まれていない。その原因を作ったのは皮肉なことに、イギリスに対して戦争を仕掛けた日本であった。

国産ウスターソースと醤油

国産初のウスターソースはいつ、誰が製造販売したのかについては、複数の説がある。

小菅桂子は「にっぽん洋食物語」において、キッコーマンが１８５４年にウスターソースを作成していたと書いているが、これは小菅の資料誤読による間違いである。

小菅が参照している「キッコーマン醤油史」によると、１８５４年はイギリスウスターシアでウスターソースが作られた年である。キッコーマンが初めてウスターソースを製造したのは１８５４年ではなく１９３６年（昭和11年）だ。

ヤマサ醤油は、明治18年に販売したミカドソースが日本初のウスターソースだと主張している。阪神ソースは明治18年に安井敬七郎が会社を設立、日本初のソースを販売したと主張しているが、これは事実ではない。

安井敬七郎は明治18年に丸善に入社している。明治25年まで丸善に勤めていたことは丸善側の資料から明らかだ。安井が丸善で開発販売していたのは鳩ソースであって、阪神ソースではない。ヤマサといい鳩ソースの鳩崎醤油といい、初期のソース製造には醤油会社が絡んでいる。このころの英米産ウスターソースは醤油を原料としていたので、醤油会社がソースを製造するのは当然の話であった。

鳩ソースを「発明」したのは丸善の安井敬七郎だが、製造したのは鳩崎醤油の関口八兵衛であった。丸善の工場は本店裏の早矢仕有的の自宅を改造したもので、筆記用インキは作れても、ソースの製造に必要な広さも設備もノウハウも無かったために、製造を醤油会社にまかせたのだろう。

さて、醤油メーカーやソースメーカーは、英米のウスターソースも国産のウスターソースも醤油を使っていたことを認識していたが、一般人もこのことを認識していたのだろうか。

随筆家内田百閒は明治43年に東京帝国大学に入学するが、本郷の下宿では次のような料理が毎晩出されていた。

〉私が西洋料理を好きだと云ふので、婆さんは玉葱をヘットでいためて、胡椒を振りかけ、酢醤油の中に七味唐辛子を入れて煮立てたソースで、殆んど毎晩食膳を賑はした（御馳走帖　内田百閒）。

現代の我々がこの話を読むと、西洋料理に無知な下宿の老婆が、ソースを酢醤油かなにかと勘違いしていた笑い話と解釈しがちだ。

しかし、勘違いしているのは現代の我々の方である。当時はリーアンドペイリンのウスターシャソースも国産のウスターソースも、醤油を原料としていた。そして、そのことは料理書などを通じて世間一般に知られていた。

近代料理書の世界（江原絢子　東四柳祥子）によると、〃西洋料理についても家庭向けの実用料理書が登場するようになる〃のは１９００年代以降、明治でいうと30年代後半からである。

この時期、黎明期の家庭向け西洋料理本には、ウスターソースの製法が書かれたものがある。そのいずれもが原料として醤油と酢を使っている。

日本で初めて一般人向けの近代的料理学校を開いたのは赤堀峰吉と言われている。現在の赤堀料理学校の創設者だが、その赤堀峰吉が明治38年に書いた「家庭料理法」には〃舶來のソースよりも〃味と保存（もち）の良い〃ソースの製法がのっている。それは酢一升三合、醤油一升、味醂二合五勺をベースに玉葱などの野菜と唐辛子胡椒などのスパイスを入れて煮たものだった。

赤堀の他にも、明治37年の最新和洋料理（築山順子）、明治38年の家庭和洋料理法（奥村繁次郎）、明治39年の家庭実益食養大全（岡崎内蔵松編）など、いずれの料理書にも醤油と酢を使ったウスターソースの製法が書かれている。

今まで書いてきたように、東京では全国に先んじて洋食の大衆化が進んでいた。一方、農村を含む全国への洋食の普及に関しては、軍隊の役割が大きい。そして軍隊で出される洋食のウスターソースも、やはり醤油をベースとしていた。

明治43年に発行された陸軍の「軍隊料理法」に〝ウイシタ、ソース〟の製法が載っているが、それは醤油と酢に丁子、肉桂、胡椒を入れて煮たものであった。

大正7年発行の海軍のコック養成教科書、海軍五等主厨厨業教科書の〝ウースター、ソース〟も、酢と醤油に野菜とスパイスを入れて煮たものであった。

このように、戦前はウスターソースが醤油を原料としていたことは一般に知られていたし、実際に食べていたウスターソースも、醤油を原料としていたのだ。

戦前のお好み焼きのソースとは

作家の玉川一郎は「たべもの世相史・東京」において、子供の頃に食べたカツレツにかけたソースは、現在のソースと違ううまさがあったと主張する。

〈あのソースのうまさ！ピリッとこしょうと唐辛子の味がする（たべもの世相史・東京　玉川一郎）。

>においは、ウースター・ソースに似ているが、あの味のソースは、もう今はどこにもない（たべもの世相史・東京　玉川一郎）。

玉川が大正末期からトンカツを揚げている御徒町双葉の主人に、〝もう今はどこにもない〟戦前のソースについて聞いたところ、次のような回答をもらった。

>「そうですね、あれはコックが、ソースやしょうゆをベースにして、いろいろな香辛料を加減してつくったもんでしたネ。」（たべもの世相史・東京　玉川一郎）

現在、ウスターソースを店で自作しているのは、とんかつ専門店やチェーン店の一部だけであろう。現在の、野菜と果物を長時間煮込んだウスターソースは、一般店舗が作るのには荷が重い。しかし、戦前のウスターソースは醤油をベースとしていたため、御徒町双葉のようにアレンジする事も容易であったし、素人が料理書などを見て一から作ることも難しいことではなかった。そして、ソースのコストを下げるためには、市販品のウスターソースを買うよりも、自作するほうが安上がりにできた。

昭和10年発行の醤油・味噌・アミノ酸／質疑応答（木下浅吉）によると、場末のカフェーでは、からし入りの醤油をソースのかわりに使っているという。

>外國通の大隈侯が嘗てハークス英國公使に招かれて晩餐を共にしたことがあったが、後侯が知人に

「西洋では醤油のことをソースといひ、芥子を混じて使用してゐる」といったといふ話がある。笑ふべきではない、昭和の今日に至ってさえ、場末のカフェーなどでは今なはこの大隈式ソースを使用してみる店があるのだから（醤油・味噌・アミノ酸／質疑応答　木下浅吉）。

大正3年発行の「生活難退治」（金田晩霞）には洋食屋台の起業方法が書かれているが、そこには〃ソースも本に製法が掲載してあるから、自分で拵へれば一合二銭位の割で能きる〃とある。

お好み焼きは、子供相手の一銭二銭の屋台商売としてはじまった。現在の感覚で言えば、５００〜６００円のお好み焼きではなく、10円とか50円の感覚である。

舶来品のウスターソースなど使うことはできなかったであろうし、国産品でもまっとうな品を使用できたかは怪しい。国産品のウスターソースを安い材量で薄めるか、安い原料で自分で作るかして、コストを下げていたのではなかろうか。

当然のことながら、肉桂や丁子などの輸入スパイス・ハーブを使うことはしなかったであろう。玉葱やにんにくなどの香味野菜も、コストがかかる上に煮込むのに時間がかかるし、さらには腐敗しやすくなるデメリットがある。となると、醤油と酢、あとは唐辛子が原料の主体となる。

ウスターソースは、安く作ろうとすればするほど、醤油との境界線が曖昧になる。お好み焼きに塗られていたウスターソースは、まさにそのようなものであったと推測する。

戦前のお好み焼きの証言の中には、ソースではなく醤油を塗っていたとの証言がいくつかある。昭和10年東京生まれの作家阿刀田高が子供の頃に食べたどんどん焼の味は、醤油味だった。

＞フライ返しでギュウッと押しつけ、クルリとひっくり返して表のほうも焼き、またもとに戻して筆で醤油を塗り、これにて完成（屋台の味　阿刀田高　食卓はいつもミステリー所収）。

大正10年の広島における一銭洋食屋台（聞き書　広島の食事）、昭和初期の福岡の一銭洋食屋台（でんでんがっちょ　思い出のふるさと　富重恒夫）も醤油味だった。「神戸とお好み焼き」（三宅正弘）によると、神戸の〝にくてん〟も、ソースか醤油を塗ったものだった。

大正時代になると、駄菓子屋の文字焼がお好み焼きの影響を受ける。砂糖を煮詰めた蜜で甘く味付けするのではなく、ウスターソースで調理するようになるのだが、そこでも醤油を使用していたという証言がある（下町で遊んだ頃　加多こうじ）（聞き書　東京の食事）（浅草子どもの歳時記　漆原喜一郎）。

だが、彼らが「醤油」と認識したものは、じつはウスターソースであったのかもしれない。戦前のウスターソースと醤油との境界線は曖昧であったし、原価に厳しい子供相手の屋台や駄菓子屋ではなおさら、ウスターソースと醤油は区別の難しいものであったろう。

〝天もの〟〝焼きそば〟にソースが使われる理由

さて、ようやく先般の疑問に対する答えにたどり着いたことになる。

お好み焼きにおいては、なぜ日本料理である天ぷらのパロディ〝天もの〟や、中華料理のパロディである焼きそばに、醤油ではなくウスターソースを使うのか、という疑問だ。

それはなぜかというと、戦前のウスターソースは醤油を原料としていたからだ。そして、子供相手の一銭二銭の商売では、コストを下げるために、ほとんど醤油と味の変わらないウスターソースを使用していたからだ。

お好み焼きとは、衰亡の危機にあった文字焼屋台が、明治30年代以降隆盛した洋食屋台のまねをして、子供向けの洋食風パロディ料理を提供するようになったのがその始まりである、というのが本書の見解である。

洋食が主体であるがゆえに、調味料はウスターソースとなる。そして、洋食メニューの端におまけとして加えられた、日本料理の天ぷらや中華料理の焼きそばにも、ウスターソースが使われた。

なぜなら、お好み焼きの屋台のウスターソースの実態は醤油とたいして変わらないものであり、天ぷらや焼きそばのためにわざわざ別に醤油を用意するのは二度手間だったからだ。

こうして、日本料理の天ぷらのパロディ料理なのになぜかウスターソースを塗ったり、中華料理の焼きそばのパロディなのになぜか中華麺をウスターソースで炒めた、世にも奇妙な子供向け料理が生まれた。

前者が、現在のお好み焼きであり、後者が現在のソース焼きそばである。

皮肉なことに、原初のお好み焼きにおいて主体だった洋食メニューは、その後滅んでしまった。

池波正太郎少年が愛した、どんどん焼のカツレツもオムレツもキャベツボールも今は存在しない。

「如何なる星の下に」に出てきた、お好み焼き屋のビフテキも、戦後浅草染太郎のメニューから消えてしまった。

それというのも、天ぷらのパロディである「牛てん」などの「天もの」が異常な人気をもって受け入れられたために、他のメニューがかすんでしまったからだ。

明治の終わりに「天もの」が生まれるやいなや、それは子供向けのお好み焼き屋台にとどまらず、大正時代の駄菓子屋の文字焼に影響を及ぼし、大人向けのお好み焼き店舗まで生み出した。

そして60種を超える東京のお好み焼きのなかから、この「天もの」だけが全国に拡散普及し、現在のお好み焼きの基礎となったのである。

11　「天もの」の登場でブーム到来

具は混ぜて焼くか、のせて焼くか

明治時代末に生まれたお好み焼きは和洋中、中でも特に洋食を中心にパロディ料理のメニュー数を広げ、一つの屋台で30種以上、様々な事例総計で60以上ものレパートリーを生むようになった。だが、次第に人気メニューは天ぷらのパロディ料理、いわゆる天ものに収斂していく。一部の地域の子供達は、お好み焼き屋台を牛天屋とよぶまでになっていった（浅草物語　辻忠二郎）（裏町の唄　森川直司）。

現在収集されている資料のうち、最も古い天ものの記録は「浅草の小学生」（寺村紘二）である。寺村は明治39年に浅草で生まれているので、物心がついたころの記憶だとすると明治の末から大正はじめの体験談と思われる。ということは、文字焼がお好み焼きに看板を書き換えた直後には、既に天ものが登場していたことになる。

〉屋台で流してくるものにドンドン焼屋。今はお好み焼というようだが、ドンドン焼というと子供の頃が思い出される。エビ天がうまかった。小えびの乾物を混ぜて焼く。キャベツの千切りと小間切れの牛肉を入れたのもあった。イカ天はするめの切りさいたのが入っている。皆ソースを刷毛でぬり新聞紙にくるんでくれる。子供には少し値が張ったが買ってもらえた。四、五銭ではなかったろうか（浅草の小学生　寺村紘二）。

明治末から大正はじめの子供の小遣いは一銭か五厘が相場であるから、四、五銭というのは当時としてはかなり高めの値段だ。子供ではなく、大人を相手に商売をしていた可能性がある。

実際のところ、天ものの登場以降子供だけではなく、大人もお好み焼きを購入するようになるのだが、このことについては別途記述する。

〝キャベツの千切りと小間切れの牛肉を入れたの〟とは牛天（肉天）のことであろう。エビ天は〝小えびの乾物を混ぜて焼く〟、イカ天は〝するめの切りさいたのが入っている〟という表現から、水で溶いた小麦粉に具材を混ぜて焼いていたことがわかる。

一方で、具材を小麦粉の生地に混ぜないで、生地の上にのせる焼き方もある。

〈お好み焼きが売りに来ましたね。その当時は、どんどん焼きっていって、ドンドンって太鼓をたたきながら、屋台もっ

具を生地と混ぜてから焼く牛天の作り方

てくるんです。それで、一銭出すと、うどん粉を焼いて、いか天がよきゃ、切りいかをのっけて、またその上にかけてひっくりかえして焼いて、青のりをちょいちょいとかけて、新聞紙を切ったやつにのせてくれましたよ（江東ふるさと文庫6　古老が語る江東区のよもやま話）。

これは寺村の二歳年下、明治41年生まれの井上みつの証言。寺村と異なり値段は一銭と子供の懐にふさわしい値段であるし、焼き方も生地の上に具を載せる焼き方だ。

同じ明治41年生まれの植草甚一の場合も生地の上に具を載せる方式だが、生地の焼き方が凝っている（僕の東京案内　植草甚一）。

＞イカ天を注文すると、メリケン粉のといたのを柄杓ですくい、鉄板のうえに糸みたいにたらしながら、手をうごかして丸い形にする。どら焼きを作るように一度にベッタリと丸くするのではなく、鉄板がみえるように隙間をつけるのである。それから天ぷらの揚げ玉をふりかけてから、スルメを適当につかんで乗せ、またメリケン粉を同じように

具を焼いた生地の上にのせて焼く牛天の作り方

かけると、ころあいをみて裏返しにし、よく焼けるとソースを刷毛でなすって胡椒をふりかける（僕の東京案内　植草甚一）。

〉イカ天にしろ牛天にしろメリケン粉の流し方はおんなじだった（僕の東京案内　植草甚一）。

この小麦粉生地の流し方はかなり例外的なやり方で、一般的には〝どら焼きを作るように一度にベッタリと丸くする〟方式が主流だ。

〉いまのお好み焼きというのは、たとえばイカ天というと、メリケン粉の中に生イカが切りこんであって、それを鉄板のうえに流すらしい。これではお好み焼きであろうがドンドン焼きではない（僕の東京案内　植草甚一）。

と植草はいうが、実際には混ぜて焼く屋台もあったことは寺村の最古の例でも明らかだし、池波正太郎の例においても明らかだ。

池波正太郎の場合は、牛天のみが生地に具を混ぜ込むやり方で、いか天やえび天は生地に具を混ぜない焼き方だった。

〉メリケン粉の中へ材料をまぜこむのは「牛てん」のみで、これは牛挽肉と日本葱を入れ、ざっくりとまぜ合わせて鉄板へながし、焼きあげてウスター・ソースで食べる。いまのお好み焼きの大半はこのやり方だが、イカやエビを焼くときは、かならず、メリケン粉をうまく小判型に鉄板へ敷き、その上へ材料をのせ、さらに上からメリケン粉をかけまわして両面を焼くのである(食卓の情景　完本池波正太郎大成29所収)。

東京のお好み焼き(どんどん焼)屋台において、その作り方にまで言及している証言は9つあるが、その方式はバラバラである。

・生地に具を混ぜてから焼く事例　3件(浅草の小学生　寺村紘二)(大正・日本橋本町　北園孝吉)(聞き書　東京の食事　P29)
・生地を鉄板に流してから具を上にのせる事例　4件(僕の東京案内　植草甚一)(たべもの歳時記池田彌三郎)(dancyu　1997年5月号　巻頭エッセイ　如何なる星の下に……　諸井薫)(屋台の味　食卓はいつもミステリー　阿刀田高　日本の名随筆59　菜所収)
・混ぜる・のせる混合事例　2件(私の浅草　沢村貞子)(食卓の情景　完本池波正太郎大成29所収)

事例は少ないが、〝カキアゲ〟というメニューも存在した(読売新聞大正7年3月24日朝刊)(僕の東京地図　サトウハチロー)。その内容についてはわからないが、名前からすると具と生地を混ぜて焼く天ものだったのかもしれない。

このように、同じ天ものでも、屋台によって焼き方が異なるのだ。

洋食店たいめいけん店主の茂出木雅章は、池波正太郎の食べたどんどん焼を再現するために、下町のお年寄りにどんどん焼の作り方をヒアリングして回ったことがある。

その結果わかったことは、どんどん焼の作り方は証言ごとにバラバラだったということである。

〈結局、人それぞれに思い込みがあるのがどんどん焼。池波先生が唯一の本式というわけじゃないんだよ。（池波正太郎の食卓　佐藤隆介　茂出木雅章　近藤文夫）

ファストフードのチェーン店のようにマニュアル通りに焼くわけではないので、お好み焼きの屋台主それぞれに焼き方が違うのは当たり前の話なのだ。

〝天もの〟はなぜ人気になったのか

さて、なぜ数多くのメニューの中で、天ものだけが突出して人気になっていったのか。

その理由の一つは、値段であろう。天ものの中でも、干海老やするめを使ったえび天、いか天は、お好み焼きの中で最も安いメニューとなっていた。

現在の５００円以上はする屋台のお好み焼きと異なり、当時のお好み焼きは10円単位の子供の小遣いめあての商売である。量も質も、子どもの小遣いにあわせて調整しなければならない。

文字焼の時代ならば、小麦粉を水に溶いて湯呑みに入れ、子どもたちに自分で焼かせればよかった。この方式が、子どもにとって最も安く、屋台主にとっては最も効率的な、手間と原価のかからない商売であった。

だが、子供が自分で焼く方式の商売は、駄菓子屋の文字焼に奪われてしまった。子供たち自身に焼かせることをあきらめたお好み焼き屋台は、従来の担ぎ屋台から、子供の手の届かない高い位置に焼板を置いた車付きの屋台となった。

子供の限られた小遣いの範囲内で利益をあげるには、それに見合った低い原価と、手間の掛からないシンプルなメニューが中心とならざるをえなかった。それが、天ものであったのだろう。

しかしながら、最も安い天ものにおいても、お好み焼きがもたらした新しい味、油で水溶き小麦粉を焼いてソース（といっても主原料は醤油）をかける、という今までになかった味は、子供たちを魅了した。

子供たちを魅了したのは味だけではないのかもしれない。鉄板の上に塗られた油で焼ける小麦粉と、焦げるソースの香り。この今までに嗅いだことのない魅力的な香りが吸引力となって、子供たちをひきつけたのではないか。

焼ける小麦粉と、焦げるソースの香り。この普遍的な魅力は、東京だけでなく全国の子供を、そして大人をも魅了し、中毒にさせていったのである。

東京から拡散する〝天もの〟

天ものが明治末から大正初期の東京において誕生すると、大正後期から昭和初期にかけて、またたくまに日本各地に広がっていった。

明治40年代に文字焼からお好み焼きへと次第に移行していった東京のお好み焼きにおいては、おはちや亀の子や籠の鳥といった文字焼時代のメニューが残っていた。また、カツレツやフライなどの洋食メニューをはじめ、試行錯誤の上に多彩なメニューが開発されていた。

東京から各地にお好み焼きが広がる際には、東京にしか存在しなかった伝統の文字焼メニューは排除され、その他の多彩なメニューも削られた。メニューは売れ筋の天もの一本に絞られたのである。

お好み焼きは東京で、文字焼の歴史を背負いつつ、様々な試行錯誤の中で生まれてきた。他の地方はそのような歴史や試行錯誤までコピーする必要はない。もっとも売れ筋の商品、天ものだけをコピーすればよかったのである。

だが、ここで問題が起きた。ネーミングの問題だ。

戦前において、エビやイカを揚げる天ぷらは東京ローカルの食べものであった。他の地域、特に西日本においては、天ぷらとは魚のすり身を揚げたもの、いわゆるさつま揚げのことを指していた。

昭和5年に発行された天麩羅通によると、15、6年前つまり大正時代の大阪には、梅月と天寅の二店舗しか東京式天ぷらの店はなく、一般に天ぷらといえば〝多くの場合洋食のミンチボールのような、魚肉のすり身を丸めて揚げた物をさしてそういっていた〟のだった。

夏目漱石の「坊っちゃん」において、主人公が松山で天ぷらそばを食べているが、あれは〝蕎麦とかいて、下に東京と注を加えた看板があった〟東京風を売りにする蕎麦屋だから東京風の天ぷらを出したのであって、一般的には東京の天ぷらは馴染みのないものであった。

ただでさえ東京風の天ぷらに馴染みがない上に、お好み焼きの天ものはその天ぷらとはまるで似ていなかった。なので、天ものから天の文字がはずされ、かわりに「洋食」の文字があてがわれた。洋食といえばソースをかけた料理であり、ソースをかければ洋食であるという認識は、東京だけではなく全国に共通していたようなのだ。

こうして天ものは、西日本では「一銭洋食」あるいは「洋食焼」と呼ばれるようになった。神戸だけが東京の名前そのままに「にくてん」の名を継いだ。

一方、東日本において天ものは「どんどん焼き」あるいは「文字焼」の名前で広まっていった。東京では「どんどん焼き」はカテゴリ名であり、天ものは「どんどん焼き」の多くのメニューの一部にすぎないのだが、東京以外の東日本ではどんどん焼=天ものになってしまったのである。他の多くのどんどん焼メニューはコピーされず、天ものだけがコピーされたので、どんどん焼といえば天ものを意味するようになったのだろうか。

以下に、各地に広まった天もののうち、具体的な作り方が残っている事例を全て書き出す。群馬、福井、愛知、京都、大阪、兵庫、鳥取、福岡、鹿児島の9箇所における14の事例だが、東京の天ものがそのままコピーされて広がっていったことがわかる。

ただ、東京においては小麦粉の生地と具を混ぜる焼き方があったが、東京以外の地方では焼いた生地の上に具を乗せる方式しかみつかっていない。

上にのせる具も東京そのままにコピーしたものが多い。揚げ玉（天かす）、ネギ、干海老、スルメ、キャベツ、肉、青のり、紅生姜と、いずれも東京の天ものの常連だ。

ただし、チクワやこんにゃくなど、地方によってはユニークな具がのることがある。中でもかつお節（花かつお）は、東京にはないが西日本で広範に見られる具材である。今ではお好み焼きになくてはならなくなったかつお節の使用は、西日本から生まれた文化である。

それでは、東から西へと順に、各地に広がった天ものの実際の作りかたを並べていく。

まずは昭和2年群馬県生まれ増田甚平の文字焼。

〉水で溶いたメリケン粉を薄く鉄板に流し、その上へネギてんならネギ、エビてんなら乾エビ、イカてんなら切りイカをパラパラと振りまく。片面が焼けたら金製のへらで器用に裏返しすにする。焼きあがったところでウスターソースをはけで塗り、新聞紙に乗せて、「はい、お待ちどう様」である（ふるさと歳時記　増田甚平）。

昭和3年福井県に生まれた小説家津村節子の一銭洋食。

〉うどん粉をといて鉄板の上に流し、刻んだ葱と紅生姜と干しえびを載せ、ソースと青海苔をかけたもの（ふたり旅　津村節子）。

〉一銭洋食は、鉄板の上にメリケン粉をどろどろにといたものに、子どもの好みで、葱、さくらえび、切りいか、紅生姜、青のりなどを入れて焼き、ソースをかけて新聞紙の上にのせてくれる（駄菓子　津村節子　日本の名随筆54菓所収）。

昭和13年に発行された「独立開業新商売確実成功法」（服部金次郎）における愛知県の事例。「お好み焼き」と書いてあるが、愛知県において実際にお好み焼きとよばれていたのか、東京の読者向けに東京での正式名〝お好み焼き〟を使ったのかはわからない。

＞發明と言つても從來の所謂お好み焼きに少し改良を加へたもので、丁度ベッコー焼と合の子にしたやうなものである（独立開業新商売確実成功法　服部金次郎）。

＞その方法が又至って奇妙な嶄新なもので、即ち、目下全國の兒童にもてはやされてゐる漫畫の主人公たるノラクロ、ミツキー、ハタノスケ等の顔を入れたベツコー焼の大きな型の中へお好み焼用のうどん粉を流し込み、その上へ細かく刻んだ葱や鰹の削粉とか青海苔などを振りかけ、又その上へうどん粉をかけて、型ごと裏返す。（著者注　この部分中略　筆でミッキーなどの似顔絵を書いた後に）裏にソースを塗って賣るのである（独立開業新商売確実成功法　服部金次郎）。

京都生まれの秋山十三子の一銭洋食。生年不明だが話の中に〝ノラクロ〟がでてくるので昭和6年以降と思われる。

＞厚い鉄板に油を引き、うどん粉を水でといて、ちょっと甘味をつけた汁をドロドロと丸く薄くのばして焼く。上にのっていたのはたしか桜えびと青ねぎやったかしら。一ぺん裏返してキュッキュッと押え、こうばしいにおいがしてきたら、できあがり。ごつい指で刷毛を持ち、ソースをたっぷりぬって新聞紙の上にのせ、「ほれ、一銭やデ」（京の女ごよみ　あんなあへえ　朝日新聞社京都支局編）

大正11年大阪生まれの作家、大谷晃一の昭和8年における洋食焼。

〉いっ汲んできたのかしれないバケツの水で、小麦粉を溶いている。味はつけていない。それを鉄板に丸く薄く流す。干した桜エビ、ねぎ、かつお節、青のりをばらまく。その上に、溶いた小麦粉を少しかける。大きなコテで一気に何度もひっくり返す。子供たちは小さなコテでばんばんとたたく。薄くなる。でき上がると、はけでソースを塗る（続大阪学大谷晃一）。

昭和3年大阪生まれの作家田辺聖子の一銭洋食。

〉メリケン粉を溶いたものを鉄板で丸く焼き、キャベツ、紅生姜のみじん切り、天カス（てんぷらの揚げカス）、ネギ、かつおぶしなどを振って上にまた水溶きメリケン粉をかけ、裏返して焼いてソースを一はけ、という簡単なものだった(大阪のおかずほか二篇　田辺聖子　日本の名随筆12味所収)。

昭和6年大阪生まれ黒田清の洋食焼、一銭洋食。

＞おばちゃんはメリケン粉を薄く溶いたのを鉄板に落とし、サジの底でそれを丸く広げる。右手でザルから細かく切ったキャベツを少しつかみ、メリケン粉の上へパラパラッとかけた。別の容器にたまねぎとテンカスをいためたのが入っていて、それを少し入れてくれると、なんともいえずいい匂いがした。あとはやはり薄く切ったカマボコと四角のノリ、裏返して焼いたあとは、ソースとカツオ（そやけど大阪　黒田清）。

「神戸とお好み焼き」（三宅正弘）による戦前の神戸の〃にくてん〃。

＞どういうものかというと、鉄板上に水溶きの小麦粉をクレープ状にひいた上に、キャベツまたはネギ、味付けこんにゃくなどの具を乗せる（著者注　この部分中略）にくは、牛と豚どちらもあったようだ。店の鉄板の上には薄いソースか醤油が入った箱があり、それを塗るというものだ。具はグリーンピースというのもあったようだ（神戸とお好み焼き　三宅正弘）。

昭和3年生まれ手塚治虫の、兵庫県宝塚市における一銭定食。

＞駄菓子屋に行くと、一銭定食というものがあるのです。一銭で食べられる定食です。どんなものかというと、いまで言うお好み焼きなのです。その店でお好み焼きを焼いていて、一銭で売っているのです。一銭というのは、いまで言うと五円ぐらいですが、五円で食べられるものですから、中には何も入っていないのです。ただ、メリケン粉（小麦粉）をこねて、ピシャッと鉄板にたたきつけて焼いたものですから、味も何もありません。ただ、そこにソースをかけて食べさせてくれるわけです。それでも子供たちはお腹が空いているものですから、大変おいしい（ぼくのマンガ人生　手塚治虫）。

「一銭定食」という珍しい名前のうえに、具がまったくない、小麦粉生地だけの「一銭定食」である。同様の具のない「お好み焼き」は大正2年生まれの高橋義孝が東京で経験している（飲み食いのこと　高橋義孝）。

時期不明だが大正から昭和初期の鳥取県鳥取市における洋食焼。

＞ときどき洋食焼の屋台が通る。うどん粉を溶いて　かつお節の粉、ねぎ、干しえび、豚肉、とろろこんぶをのせて焼いた洋食焼は子どもたちの大好物で、たまに買って食べさせる（聞き書鳥取の食事）。

これも時期不明だが「なるほど鳥取事始め」（松尾茂　須崎博通）における戦前の鳥取の一銭洋食。

＞小さいバケツから、メリケン粉の溶いたのを、杓子ですくって鉄板のうえに広げる。これがベースになる。小さい子がみえないものだから、まわりが騒がしくなるのはこの時だ。メリケン粉のベースの上に、横の箱からカツオブシを一面に広げる。続いて、サクラエビ、テンカス、ネギをのせ、もったいぶって、薄いチクワを一枚か二枚、その上にのりをパラっとふりかけて「具」が終わる。もう一度、バケツのメリケン粉汁を少しかけて、ひっくり返すと出来上がりである（なるほど鳥取事始め　松尾茂　須崎博通）。

〉この次にハケにつけたソースを両面に塗って、鉄板の上におさえつけると、「ジュッ」と音がして、ソースの焦げる匂いがまわりをとりまくのがクライマックスである（なるほど鳥取事始め　松尾茂　須崎博通）。

広島の大正10年頃の一銭洋食屋台の証言。

①メリケン粉の水溶きをお玉ですくって、鉄板の上にたらたらと流し、径四寸（約12センチ）から四寸五分（約14センチ）の円形に広げる。
②きざんだ青ネギを地がかくれるほど一面に散らす。
③ねぎの上にメリケン粉を少し流して、ねぎが飛び散らないようにしておいて、ひっくり返して焼く。
④もう一度表に返して二つ折りにし、皮に醤油を塗る。
（聞き書広島の食事）

大正9年福岡県大牟田市生まれの富重恒夫による一銭洋食。

>花かつを、ちくわ、小葱をパラパラとのせ、最後に具の押さえに、むっこ（小麦粉）のといたのを、たらたらと薄くかけ、ひっくり返す。なるべく大きくなるように、ジュジュ押さえて広げる。
>こんがり焼いた肌に、たっぷり筆にひたした醤油を塗る（でんでんがっちょ　思い出のふるさと　富重恒夫）。

大正13年鹿児島生まれの米沢藤良による一銭洋食。

>鉄板にメリケン粉を水にとかしたのを流して、それに小さくきざんだネギをのせ、ソースをつける（東郷平八郎　米沢藤良）。

以上が、具体的な作り方がわかる各地の事例である。このように、東京の天ものはほぼ同じ形で日本各地にコピーされ、各地方で現在のお好み焼きの基礎を作っていった。

他にも、作り方の詳細は不明だが、日本各地におけるどんどん焼や一銭洋食、洋食焼の事例はいくつか存在する。これについては後ほど、地方ごとにお好み焼き展開の歴史を書かせていただく。

話を東京に戻す。明治末から大正初期に登場した天ものは、子供だけでなく大人の舌も魅了していく。そして、大人を主要顧客とした、店舗形式のお好み焼き屋が、大正時代に産声をあげることとなる。

［コラム］女子学生心中事件がお好み焼きに？

三原焼は高見順の小説「如何なる星の下に」に、惚太郎のメニューとして出てくる。ということは、浅草染太郎創業時、昭和12年から存在するメニューというわけだ。

染太郎創業者である崎本はるに捧げられたトリビュート本、昭和58年発行の「染太郎の世界」に、当時の染太郎における三原焼の作り方が載っている。

①挽肉とキャベツと水とき小麦粉をかきまぜる
②ラードをひいてからテッパンにあける
③中央をえぐる（注　図解ではヘラで生地の真ん中に穴を開けている）
④中央に卵を落とす（注　図解ではヘラで作った穴に生卵を落としている）
⑤卵のかたさ（半熟かカタ焼）でおこのみの厚さを加減する
⑥ひっくりかえす
⑦好みにより　中濃ソース　青のりなどで食べる

三原焼の作り方

高見順は小説「胸より胸に」において三原焼を登場させている。野菜がキャベツではなくネギとなっているが、作り方はかつての染太郎の三原焼と同じだ。

〉うどん粉を溶いた中に牛肉と葱を入れた所謂牛てんに、生卵を添へただけのものに過ぎないが、鐵板で圓形に焼いた牛てんの眞中に、ドーナツの穴のやうなものをつくり、そこに卵を割って落とすところが、面白いといえば面白かった（胸より胸に　高見順）。

高見は三原焼という名前の由来について、小説の中でこう説明している。

〉その穴を三原山の噴火口になぞらへて三原焼といふ。三原山での心中が新聞紙上を賑はしてゐた頃だつたから、そんな呼び名が出來たのだらうが（胸より胸に　高見順）。

三原山の心中事件については、大島町役場のウェブサイトに以下の説明がある（2018年9月現在）。

〉昭和8年（1933年）　実践女学校生が1月と2月に相次ぎ三原山火口に投身自殺。2件に同じ同級生が立会ったことでセンセーショナルに報道され、この年だけで129人が火口へ投身自殺。

つまり、三原山噴火口への連続身投げ事件をネタにした、ブラックジョークめいたお好み焼きというのが高見順の説明である。

お好み焼きの〝エチオピア〟も昭和6年に来日したエチオピア使節団にちなんでつけられた名前だったが、こういうふうに時事ネタを取り込むあたりが、お好み焼きの遊戯的な性格を表している。

さて、明治42年生まれの谷中永久寺の住職平塚良宣が、子供の頃駄菓子屋において、三原焼と全く同じ内容の「三原山」を焼いたという体験談を残している。

〉「三原山」なんて言って卵をこう丸くして入れて置いて、黄身を除けるとぽこんと穴ができて三原山になるんです（古老がつづる下谷・浅草の明治、大正、昭和5）。

この証言には問題がある。

まず玉子の問題。戦前の鶏卵の値段は今とは比較にならないほど価格が高かった。子供が駄菓子屋で気軽に買える値段ではないのだ。駄菓子屋も、子供向けに生卵を置いていたとは考えにくい。

鶏卵が比較的安くなった昭和14年の高見順の小説「如何なる星の下に」においてでさえ、三原焼の値段は牛てんの三倍の15銭。鶏卵を使う三原焼の値段は、子供が駄菓子屋で買える値段ではないのだ。

また、〝ぽこんと穴ができて〟というのもおかしい。当時の駄菓子屋の文字焼は、子供の懐に合わせた1銭2銭の商売。現在でいうと10円から50円といったところだ。

この値段では、10センチか20センチの薄っぺらい文字焼しか作ることはできない。〝ぽこんと穴ができて〟玉子を落とし込むほどの生地の厚みなどありえないのだ。

おそらくは、平塚氏が大人になってから焼いたお好み焼きの話を、「古老がつづる下谷・浅草の明治大正昭和」担当者が、子供時代の駄菓子屋の話と勘違いして記載してしまったのではなかろうか。

明治42年生まれの平塚氏は、三原山の心中事件があった昭和8年には24歳になっている。その頃ならば、ちょっとお高めの三原焼を買う経済力もあったことだろう。

12　桃色遊戯の舞台、お好み焼き屋

お好み焼きを買う大人たち

　文字焼の屋台は、明治末にお好み焼きへと看板を書き換えた。提供するメニューは、油とウスターソースを駆使した洋食風のメニューが中心となった。

　看板とメニューだけでなく、客層にも変化が生じた。大人が文字焼屋台で文字焼を買ったという事例は一例（女學雑誌第10巻２０２号）をのぞき見つかっていないが、お好み焼きの屋台には、大人が客として現れるようになるのである。

　前の章において、明治末か大正はじめの〝最も古い天ものの記録〟に関して次のように書いた。

＞明治末から大正はじめの子供の小遣いは一銭か五厘が相場であるから、四、五銭というのは当時としてはかなり高めの値段だ。子供ではなく、大人を相手に商売をしていた可能性がある。

　なぜそのように推測したのかというと、大人が屋台でお好み焼きを買った事例が実際に存在するからだ。

＞「さ、一つ半ずつよ」どんどん焼だった。こんなうまいものを、はじめて食べたような気がして、そのとき茂緒は新たな親愛を扶佐子にもった〈風　壺井栄全集9所収〉。

これは大正14年頃の東京の風景。香川県から上京したての茂緒は、扶佐子が買ってきたどんどん焼を食べて、〃こんなうまいものを、はじめて食べた〃とその味に魅了された。

この茂緒とは、「二十四の瞳」で有名な作家壺井栄のこと。扶佐子とは「放浪記」で有名な林芙美子のこと。壺井の自伝的小説「風」〈壺井栄全集9所収〉の一節である。

作家池波正太郎は、「町田」という名のどんどん焼屋台をひいきにしていた。もともとが洋食屋のコックである屋台主のテクニックに惚れた正太郎少年は、将来はどんどん焼屋になりたいとその主人に相談を持ちかけるぐらいに入れ込んでいた。

＞なんといっても、もとが本格のコックなのだから、牛てんやエビてんのようなポピュラーなものからして、味がちがう。値段は他の店と変らないというので、大人どもも〔町田〕だというと目の色を変える始末だ〈食卓の情景　完本池波正太郎大成29所収〉。

＞〈著者注　町田が屋台を出す〉縁日の夜になると、祖母も母も叔父も、同居していた母の従弟も、それぞれに注文を出し、私を買いに走らせるのだ〈むかしの味　池波正太郎〉。

〃大人どもも〔町田〕だというと目の色を変える〃とあるように、正太郎少年だけでなく、大人にも「町田」ファンがいたようだ。また、池波の曾祖母は、東郷平八郎似の主人が焼くどんどん焼き屋のオムレツが好物だった（ル・パスタン　池波正太郎）。

大正10年生まれの作家野一色幹夫によると、大人向けのお好み焼きは子供向けよりも大きく、値段も高かったという。

〉ふつうの牛テンは二銭、イカ天、エビ天などは一銭であった。——が縁日のそれは大人も相手にするため値段も二、三倍。そのかわり大きさも大人向きに大きかったように記憶する（夢のあとさき　野一色幹夫）。

明治31年生まれの森義利は、花街の置屋の前でどんどん焼屋を目撃している。花街であるので当然のことながら、客は大人中心であったろう。

〉いまでも芳町には「三河屋」という置屋があって、表の造りはすっかり変わっていて、いまは商売もしていませんが、ここには芳町きっての豆鶴をはじめ、売れっ子芸者が大勢おりました。どんどん焼き屋はよくこの家の前に屋台を停めて商売をしていました（幻景の東京下町　森義利）。

昭和10年発行の「小資経営職業相談」（東京府職業紹介所編）にも、花街に大人向けのお好み焼き屋台があることが書かれている。

〉昔はよく駄菓子屋等で子供本位にやつてゐたものであるが今は多く屋臺を用ひ戸外で仕事をするのである。現在の「御好み焼」も子供本位であるが待合の多い様な所では寧ろ大人が好んで買つて居る（小資経営職業相談　東京府職業紹介所編）。

専ら子供向けだった文字焼と異なり、大人をも魅了するようになったお好み焼き。大人向けのお好み焼きの店舗を作れば、儲かるのではなかろうかと考える商売人が出てきても、おかしくはなかろう。

静岡で商売に失敗し、東京に上京してきた大畑甲子郎も、そんな商売人の一人であった。

第一次お好み焼き屋ブーム

商売を営む人向けの業界誌、商店界の昭和10年12月号に、「〔斯んな商賣もある〕二百五十圓で出來るお座敷お楽しみ焼」という記事が載っている。とりあげられているのは「お楽しみ焼　ふじや」、見たところしもたや（一般住宅）を改造した店のようだ。

店主大畑甲子郎は静岡県で商売に失敗して上京し、なにか良い商売はないかと探していたところ、屋台のお好み焼きを店舗化することを思いついたという。

〉或時お好み燒の屋臺が子供の人氣の中心となつて居るのを見まして、ふとこれを座敷に移して見たらと考へました。友人等に聞いて見ますと、やはり昔そう云ふ商売があつて大變流行つたとの事なので、早速始める事にしました。

子供向けのお好み焼き屋台を、大人向けに店舗でやろうとしたところ、既にそのような商売が存在し、昔〝大變流行つた〟ことがあるという。

ということはつまり、この店が開店する昭和10年より前に、大人向けのお好み焼き店舗ブームがあったということだ。店主は静岡から上京してきたために、過去のブームを知らなかったのだ。

日本におけるお好み焼き店舗の最も古い記録は、浅草の橘屋（立花家、立花屋とも）において、オペラ歌手田谷力三が女性ファンと肉テンを焼いていたという目撃談である。関東大震災前の、大正8年から12年までのどこかの時点での話だ。

〉「ひょうたん池」の藤棚というのは、六区側から中の島にわたる石橋の藤棚であった。緑の芝生に蔽われた中の島には、二軒の茶屋があった。南のほうが「おまさの茶屋」。北側が、お好焼の「橘屋」で、オペラ役者の媾曳(あいびき)にも使われていた(オペラ時代　濱本浩　浅草　高見順編所収)。

〉美少年の田谷力三や、W型の沢マセロなどが、若い女性ファンに囲まれて、肉テンなどを焼いているのを、もんなしのペラゴロが、摺鉢山から羨望して「ようッ、焦げまッせ」などと、声を掛けたものである（オペラ時代　濱本浩　浅草　高見順編所収）。

〉銀座の露地の奥などに、ちょっとした店ができた。それは昭和の初年ごろではなかったか（たべもの歳時記　池田彌三郎）。

これは大正3年に銀座で生まれた国文学者池田彌三郎の証言だが、昭和のはじめには銀座にもお好み焼き屋ができていた。これも過去のブームの一環だろう。

大正元年生まれの杉浦明が子供の頃、ということは大正年間には、本所にお好み焼きの店舗があった。駄菓子屋と兼業ではない、専業のお好み焼き屋である。

〉駄菓子屋がいっぱいありました。で、あとお好み焼き屋ね。ま、一銭でも二銭でも、三銭でも五銭でも出来たわけですよね。ええ、今のお好み焼き屋と違って、一銭も使わなくても遊ばしてくれるんですよね（江東ふるさと文庫4　古老が語る江東区の町並みと人々の暮らし 上）。

顧客は子供中心のようだが、この様子では子供相手だけで収益が成り立つようにも思えない。夜は大人を対象として営業していた可能性がある。

子供のみを顧客としたお好み焼き専業店の事例は、現在まで見つかっていない。屋台と異なり維持費が高くつく店舗形式の店では、駄菓子屋と兼業しないかぎり、子供相手のお好み焼きの収益だけでは経営が成り立たないからだろう。

昭和10年に東京府が発行した「小資経営職業相談」（東京府職業紹介所編）には屋台のお好み焼き屋の起業指南が書かれているが、その中に店舗形式のお好み焼き屋についての話が出てくる。

〉中には「御楽しみ焼」と言って店を構へ客に勝手なものを造らせて居る所もある（小資経営職業相談　東京府職業紹介所編）。

〉千東町の松田氏は一戸を構へ店内で客の注文に應じて作り又は家で自由に造らせて居る（小資経営職業相談　東京府職業紹介所編）。

この千束町の松田氏の店は、昭和10年発行の「拾円で出来る商売」（読売新聞社便利部編）にも登場しており、昭和10年以前にすでにお好み焼きの有名店が誕生していたことがわかる。

第二次お好み焼き屋ブーム

雑誌商店界の昭和10年12月号に「［斯んな商賣もある］二百五十圓で出來るお座敷お楽しみ焼」が載った4年後、昭和14年に、商店界編集部は「小資本開業案内」という本を出版した。この本にも、お好み焼き屋の起業指南が書かれている。

〉『商店界』誌上に之を紹介してからといふものは、ここ三、四年の中に、全國花柳界を中心として、旺んに流行し出した新職業である。

〃『商店界』誌上に之を紹介してから〃というのは、昭和10年の「(斯んな商賣もある」二百五十圓で出來るお座敷お楽しみ焼」の記事のことであろう。

まるで商店界がお好み焼きという新職業を流行させたかのように書いているが、既に述べたように、昭和10年以前に第一次お好み焼き屋ブームが存在した。

ただ、昭和10年以降お好み焼き屋の記録が増えはじめたことは確かであり、いわば「お好み焼き屋第二次ブーム」がおきていたようなのだ。

例えば、浅草染太郎の開店は昭和12年である。脚本演出家の淀橋太郎が、昭和12年秋に開店第一号客として訪れている(染太郎の世界)。

染太郎が開店した路地には他にも2軒のお好み焼き屋があり、その路地はお好み横町とよばれていた(染太郎の世界掲載の昭和10年代浅草芸人住居地図)。以下は、小説「いかなる星の下に」における惚太郎(染太郎がモデルのお好み焼き屋)の描写である。

〉本願寺の裏手の、軒並芸人の家だらけの田島町の一区画のなかに、私の行きつけのお好み焼屋がある。六区とは反対の方向であるそこへ、私は出かけて行った(如何なる星の下に　高見順)。

〉そこは「お好み横町」と言われていた。角にレヴィウ役者の家があるその路地の入口は、人ひとりがやっと通れる細さで、その路地のなかに、普通のしもたやがお好み焼屋をやっているのが、三軒向い合っていた(如何なる星の下に　高見順)。

「[コラム]今は無きお好み焼きのメニュー「エチオピア」」で取り上げた、昭和11年11月4日の読売新聞夕刊に掲載されていた神田明神下のお好み焼き屋は、昭和11年9月の開店。

サトウ・ハチローは、昭和11年に朝日新聞に連載されたエッセイをまとめた「僕の東京地図」において、上野の〝みなさまのおこのみやきどころ〟について記述している。

〉屋号はあげ羽屋。厳密に言うと元黒門町何番地とかいうんだが、お座敷のおこのみやきと聞けばすぐわかる。エビテン、テッポウマキ、オハチ、肉テン、カキアゲ、アンズマキ……ああきりがない。何でもおこのみのものを自分で、焼けるのだ。小さい前かけをかけて鉄板の前に坐ると、一寸子供のときにかえる。お湯のゆき帰りに半玉さんや姐さんやらが、どしどしとくるから目の保養になる。（だが、見とれて、焼きすぎたりしてはいかん）（僕の東京地図　サトウ・ハチロー）。

映画監督吉村公三郎は昭和11年以前に、新橋駅裏のお好み焼き屋に入っている。

〉ある時、彼が新橋駅裏近くのお好み焼屋へ行ってみようと言う。このあたりは烏森といって色街なんだが、このお好み焼屋が芸者たちの溜り場で、ここでお好み焼を食べていれば、ただでお座敷で遊んでいるようなもんだというのだ（味の歳時記　吉村公三郎）。

東京の玉の井出身の漫画家滝田ゆうは、小学校2、3年の頃（昭和13、14年）銭湯の前にお好み焼き屋があったという（わが心のもんじゃ焼き　滝田ゆう　お好み焼き　浜内千波　落合潤一　芝薫所収)。

その第二次お好み焼き屋ブームのさなか、読売新聞昭和12年3月4日夕刊に、センセーショナルなタイトルが踊った。

>桃色事件からお好み焼恐慌　新しく取締り規則

>中學生や女學生を中心の驚くべき桃色クラブ

第二次ブームにより東京中に増殖したお好み焼き屋を舞台に、不純異性交遊騒ぎがおこったのである。

昭和12年の桃色遊戯事件

昭和12年におこった、お好み焼き屋を舞台にした桃色事件。どうやら牛込町(神楽坂近く)のお好み焼き屋「すずめ」が事件の舞台になったようだが、記事には肝心の事件の内容が書かれていない。

この「すずめ」は事件後廃業したのだが、その三ヶ月後の読売新聞昭和12年6月18日夕刊に、またもや別のお好み焼き屋でおきた桃色事件が掲載されている。

＞お好み焼でまた桃色遊戯　チンピラ七人組
＞またお好み焼根城の女學生、中學生の桃色遊戯が発覚して吾嬬署に七人面倒をかけた
＞グループを自ら「川向のチンピラ桃色クラブ」と呼び

しかしながら、またしても記事には具体的な内容がかかれていない。

このお好み焼き屋を舞台にした桃色事件、昭和10年以前の第一次お好み焼き屋ブームにおいても発生していたらしい。

大正3年生まれの国文学者池田彌三郎は銀座で同様の事件を耳にしている。

＞なんでも、銀座裏のお好み焼き屋が、密会所みたいになって、風俗上の取り締まりであげられたということがあったのが、昭和六、七年ごろのことで、当時大学の予科生だったわたしは、そろそろそういうところへ出入りし始める時分だったが、そんなことから、それっきり、行きそびれてしまった（たべもの歳時記　池田彌三郎）。

昭和12年の雑誌「話」に、二つの桃色事件のうちの前者、牛込町の事件が詳しく書かれている。

記事は有識者の座談会形式で、表題は「歪められた性慾」。神楽坂のお好み焼き屋で起こった桃色事件についてその実態を語るのは、中等学校補導協会の金子近次という人だ。

〉当時新聞では半玉が三人、中学生、女学生と三つ巴になって事件が起きた。

半玉とは芸者見習いのことである。彼女らは神楽坂のお好み焼き屋を集合場所にしていた。お好み焼き屋の女主人は30歳ぐらいの女性なのだが

〉調べてみると若い燕が中等学校の生徒にあったんですね、で女の方は自分でやる。男の方はその若い燕が紹介した……。

どうやら女主人が半玉などの女性を、燕の男のほうが若い男をお好み焼き屋に呼んで、お好み焼きを焼きながら見知らぬ男女をお見合いさせたようなのだ。

〉それからまあ二人を揃って送り出すというわけで、その先はどうなっているか……。

というわけで、桃色事件の真相は、見知らぬ男女のデートをセッティングしただけの話だったらしい。店を出た後は〃調べた中では、四谷見附まで話しながら歩いて、そのまま別れた〃という極めて健全なデートに終わった例しか無かった。

これには他の座談会参加者もがっかりで、〃それはその行く先も連絡があったんですか？〃〃それでその連中は、どこかの待合（著者注　現代でいうラブホテル）なんかと連絡でも取ったんです

か〝〝それ以上のものもあるんですか〟と、そんなはずはないとばかりに矢継ぎ早に質問するが、金子氏はそういうのもあったかもしれないとだけ回答。

どうやらこのお好み焼き桃色事件、実態としてはたいしたことはなく、読売新聞をはじめとしたマスコミが針小棒大に話を膨らませた、ということらしい。

しかしながら、男女が密室でいかがわしいことをするお好み焼き屋も、実際に存在していたようなのだ。

今から30年以上も前になるが、昭和も末のころの東京では、お好み焼き屋といえばデート向けの店としての定番であった。

そんなデート向けお好み焼き屋として有名だったのが、渋谷センター街の「こけし」という店である。デートといってもお好み焼きを焼くだけのデートで、店のありさまはいたって健全なものであった。

この「こけし」を創業した藤田佳世によると、昭和36年の創業当時は部屋の鍵を客に預けるようないかがわしい店もあったという。

〉私はお好み焼きの店が、桃色遊戯の場所などと新聞に書かれたこともあったのを思い出し、そんな先入観を自分の手で破ってみたいと思っていた。参考のためにに喰べ歩きもしてみたが、喰べること自体を目的とする関西のお好み焼屋に比べれば、関東のそれには、部屋代を先に取って客に鍵を預けるような、いかがわしい店も在ったことは確かである（巷談渋谷道玄坂　藤田佳世）。

＞東京では個室を許さない建前のようだが、しかし随分それを逃げてる個室お好み焼屋もあるらしい
（東京っ子　秋山安三郎）

昭和31年発表の永井荷風の小説「男ごゝろ」には、連れ込み宿を兼ねたお好み焼き屋が登場する。

＞「三畳敷のお座敷が二間か三間ございますが、二階へお上りになると、床の間つきで、蒲団ぐらい敷かれるお座敷があります。」（永井荷風　男ごゝろ）。

作家野一色幹夫の「夢のあとさき」は平成3年発行のエッセイ集。平成にいたっても、男女が密室でいかがわしいことをするお好み焼き屋は残存していたらしい。

＞中には「アベックさん」が小部屋の中でナニカできるよう、連れ込み旅館なみにカギがかかる仕掛けの、はなはだ〝気のきいた〟店もある（夢のあとさき　野一色幹夫）。

東京で生まれた店舗形式のお好み焼き屋は、第二次ブームの時に大阪に上陸した。大阪で最も古いお好み焼き屋と言われていた以登屋（いとや）は昭和12年の開店。第二次ブームの余波で開店した店なのだろう。

昭和3年大阪生まれの作家田辺聖子は、女学生の頃（昭和16、17年頃）に、東京から店舗形式のお好み焼き屋がやってきたことを覚えている。それまでの大阪には、屋台の一銭洋食しかなかっ

た。

〉私が女学生のころは「お好み焼」という名称が東京からはやり、一軒の店になったりしていた。昭和十八年頃まであったが、お好み焼屋はたいてい不良の巣窟で、私たちは父兄同伴でないと店へ入ることを許されなかった（大阪のおかずほか二篇　田辺聖子　日本の名随筆12味所収）。

〉お好み焼きはかなり新しいけどね。昭和十六、七年ぐらいからと違いますか。そのまえは洋食焼きばっかりで、一軒の店になったのはめずらしかった。町のお好み焼き屋に男の子と二人で入ったいうたら、代々いい継がれるぐらいセンセーショナルなことだったんよ。（笑）（大阪・神戸味どころ　大阪・神戸・南紀）。

どうやらお好み焼き屋とともに、桃色遊戯までも大阪に伝播したらしい。大阪においても、お好み焼き屋は淫靡な雰囲気をまとっていたのだ。

大正12年大阪生まれの作家大谷晃一も田辺聖子とほぼ同時期、昭和14年に初めて、屋台の洋食焼とは異なる店舗のお好み焼き屋に入った。

〉みな、つい立てや仕切りをした。大阪の食べ物屋はあまりしないのだが、これだけは別であった。小間に暖簾をかけ、個室もできた。男女がしんねこを決めこむ。これは飲食店ではなくて風俗営業だと、警察がうるさく取り締まりをすることになった（新大阪学　大谷晃一）。

〝大阪の食べ物屋はあまりしない〟のも当然のことで、お好み焼きという名前、店舗の形式、そして男女のあいびきの場というビジネスモデルは、全て東京から持ち込まれたのである。

お好み焼き屋での焼き方

さて、店舗形式になったお好み焼き屋では客が自分で焼くようになったが、その焼き方はどのようなものであったのだろうか。

昭和36年に開店した前述の渋谷センター街「こけし」においては、金属のカップに小麦粉の生地を入れ、その上に具材を乗せて客に提供していた。客は自分でカップの中の生地と具材を混ぜて、それを熱した鉄板上にのばすのである。

現在の東京には、こういった自分で焼く方式のお好み焼き屋は少なくなってしまった。そのかわりというわけではないが、かつてのお好み焼き屋と同じ方法で提供しているのが、昭和50年代から増え始めたもんじゃ焼き屋である。

この、生地と具材を一つのカップに入れて提供し、客が混ぜて焼くという方式は、戦前のお好み焼き屋において開発されたらしい。

昭和10年に靖国神社近くに開店した「お楽しみ焼　ふじや」でのお好み焼きの提供方法は、次のようなものである（雑誌商店界昭和10年12月号）

〉材料は臺所で拵（こしら）へまして、瀬戸引のコップへ入れて持つて参りますと、お客様が此の臺の上で焼いて召し上るのです

〉牛てん、いかてんと云ふ様なものは冬ならば1日分一度に作つておきますが、夏は三度位に分けて作ります

瀬戸引きのコップに〝こしらえた〟材料を入れていることから、全ての材料をそのままコップに入れるか、混ぜてからコップに入れていたのだろう。牛てん、いかてんは一日分を一度につくるというので、大きな鍋などに小麦粉生地と具材を混ぜて、都度カップに注いでいたのかもしれない。いずれにせよ顧客は、材料と生地を混ぜてから鉄板の上に流すこととなる。

大正12年大阪生まれの作家大谷晃一は昭和14年に初めて、ミナミの笠屋町のお好み焼き屋に入った。

〉名が変わって、お好み焼きという。卵を入れて溶いてある。エビ、イカ、牛肉、それに山芋やキャベツなどと具が増えて上物になっている。溶いた小麦粉と具をみんな一つのアルマイト・カップに初めから混ぜて出てくる。具を自分で置く作業がない（新大阪学　大谷晃一）。

一つのカップに具材を入れ、混ぜて焼く方式は、お好み焼きという名称や店舗形式とともに、東

京から大阪に昭和10年代に輸入された。

以降、大阪では具を混ぜないで焼く屋台の天ものは一銭洋食あるいは洋食焼、具を混ぜて焼く店舗の天ものをお好み焼きと呼び分けるようになった。

さて、昭和14年発行の「小資本開業案内」（商店界編輯部編）には次のように書いてある。

〉『商店界』誌上に之を紹介してからといふものは、ここ三、四年の中に、全國花柳界を中心として、旺んに流行し出した新職業である（小資本開業案内　商店界編輯部編）。

〝全國花柳界を中心として〟とあるが、記録されている限りでは、東京風のお好み焼き店舗が伝播したのは大阪のみである。

神戸では昭和初期に〝にくてん〟の店舗が（神戸とお好み焼き　三宅正弘）、広島では昭和10年頃に〝一銭洋食〟の店舗ができるが（聞き書　広島の食事）、いずれの場合においても、名称は東京風の「お好み焼き」ではなく、焼き方も混ぜてから焼く方式ではない。

具と生地を混ぜて焼く東京の店舗式のお好み焼きを導入した大阪と、具と生地を混ぜない方式で店舗化した神戸と広島の違いは、そのまま戦後のお好み焼きの違いに反映されていくのである。

〝お好み焼き〟がカテゴリ名から料理名へ変化

東京の店舗形式のお好み焼きが伝わった大阪だが、東京のお好み焼き屋における豊富なメニュー、例えばビフテキやオムレツやカツレツなどのほとんどは伝わらなかった。

唯一の例外は大阪最古のお好み焼き屋といわれた以登屋であった。以登屋には東京と同じあんまきがあったという（神戸とお好み焼き　三宅正弘）。

コピーする側の立場としては、試行錯誤して多彩なメニューを開発する必要はなく、売れ筋のメニューだけを東京からコピーすれば良かったのである。屋台の一銭洋食、洋食焼の場合と同じだ。その売れ筋とは、屋台と同じく天もの、大阪では店舗で提供される混ぜて焼く天ものを、お好み焼きと呼び慣わすようになった。

東京のお好み焼き屋のメニューには、お好み焼きという料理は存在しなかった。お好み焼きとはカテゴリ名であり、焼肉屋のメニューに焼肉という料理が存在しないように、お好み焼き屋にお好み焼きという料理は存在しない。

お好み焼き屋で提供されるメニュー、ビフテキ、カツレツ、寄せ鍋など全ての料理がお好み焼きなのである。浅草染太郎のような老舗においては、現在もかわらず、お好み焼きという料理はメニューに存在しない。メニュー上にはカテゴリとしてのお好み焼きの表記があるだけだ。

大阪では、お好み焼きの店舗においてお好み焼きという名前の料理が発生した。その実態はというと、東京から来た、混ぜて焼く方式の天ものであった。

戦後、大阪でお好み焼きが盛んになり、次第に東京のお好み焼き屋にも影響を及ぼすようになった。東京でも店によっては、混ぜて焼く天ものを大阪式にお好み焼きとよぶようになった。

神戸においては、戦後しばらくの間は戦前と変わらず、具を混ぜないでのせて焼く天ものを東京式に〝にくてん〟とよんだ。だが、最近では大阪の影響からか、〝お好み焼き〟に名称が変わったらしい。

広島では、戦前の一銭洋食＝具を混ぜないでのせて焼く天ものが、戦後中華麺などをはさんで巨大化していった。その際に、名称が〝一銭洋食〟から〝お好み焼き〟に変わったらしい。

大正14年広島生まれの作家田中小実昌は、戦後東京に移住した。しばらくたつと、故郷広島でお好み焼きがはやっていることを耳にする。

〈お好み焼きと広島とは、まえはなんの縁もなかったはずだ。それがとつぜん、ひろしまのお好み焼きが有名になり、「お好み村」がガイドブックにものるようになった。ふしぎなものもあるものだ、とぼくはおもっていた（ふらふら日記　田中小実昌）。

ところが調べてみると、広島のお好み焼きとは、〝一銭洋食のデラックス・ジャンボ版〟であることがわかったのである。名前が一銭洋食からお好み焼きに変わったので、同じものだとは気づかなかったのだ。

こうして、戦前は地方ごとに様々な名前でよばれていた天ものが、戦後は大阪式にお好み焼きとよばれるようになっていった。だが、そのルーツをたどると、全てが東京の〝天もの〟にいきつくのである。

［コラム］芸者とお好み焼き

さて、戦前のお好み焼き屋を調べていると、花街との関連が深いことがわかる。桃色事件が起こったお好み焼き屋「すずめ」も、花街である神楽坂に店を構え、半玉が通っていた。

お好み焼きの歴史に関する本を読むと、花街との関連について言及している場合があるが、どうも読んでいて違和感がある。戦前の東京の花街について誤解があるような気がするのだ。

花街というと、江戸時代ならば吉原や深川、品川。現代でいうと京都祇園や新橋、神楽坂を思い浮かべる人が多いだろう。

しかし、お好み焼き屋がブームを迎えた昭和初期の東京の花街は、これらのイメージとは違うものだった。現代の人々が持つ花街のイメージは、昭和初期の東京にはあてはまらないのだ。

花街を研究している加藤政洋准教授によると、昭和前期は花街の最盛期であり、その数は500を下らなかったという（花街―異空間の都市史―　加藤政洋）。つまるところ、どこの盛り場でも石を投げれば芸者に当たるほど、あちこちが花街だらけだったのだ。

東京では明治後期に花街と遊郭が分離し、売春も行う遊郭は繁華街から隔離された。そしてその後、花街はあちこちの繁華街に増殖していくこととなる。

昭和初期の東京において、人通りが多く夜も賑やかな盛り場に飲食店が出店しようとすると、その選択肢が花街になるのは当たり前の話なのだ。客が多く、営業時間を長くとれるので、儲かる場所が花街なのだ。

お好み焼き屋以外の例も見てみよう。戦前の東京の洋食を調べていると、やはり花街との関連が多く見つかる。

洋食の老舗日本橋たいめいけんは、中央区新川という花柳界に店を出した。芸者衆をお得意様としており、オムライスが好評だったそうだ（たいめいけんよもやま噺　茂出木心護）。

根岸にある香味家はもともと輸入食料品店だったが、芸者衆より要望を受けて洋食屋になった（明治・大正を食べ歩く　森まゆみ）。

銀座を花街といっていいのか微妙なところだが、銀座の煉瓦街はもともと新橋花街の一部であったし（花街―異空間の都市史―　加藤政洋）、銀座裏通りは芸者や半玉が住み、三味線の音が聞こえる街だった（銀座には川と橋があった　長谷川桂）。銀座は新橋の延長線上にある花街としての一面を持っていた。

銀座にオープンしたカフェーブームの嚆矢カフェープランタンは、当初会員制だったが、その会員には名士や文士、役者とともに新橋の芸者がいた（銀座細見　安藤更生）。

ちなみに戦前のカフェーというと、現代のキャバクラのようなお色気が売りの店というイメージがあるが、それは昭和になって大阪のカフェーが東京に進出してからのこと。その前に遡ってもせいぜい、大正13年にカフェータイガーが開店してからの話だ。

明治44年に開店した最初期のカフェーであるプランタンやライオンは、女給がいるとはいえ品行方正な、味を追求する洋食屋であったし、同じ年に開店したカフェーパウリスタの店員は全員男だった。

閑話休題。プランタンは新橋の花街に洋食の出前のお得意様が多く、新橋の待合で洋食といえばまずプランタンだった（銀座細見　安藤更生）。また、夜遅くなると新橋の芸者衆が来店していた（大正の築地っ子　岸井良衛）。

銀座資生堂（現資生堂パーラー）もまた、出勤前の新橋芸者衆が寄るレストランであった（明治・大正を食べ歩く　森まゆみ）。

現在、花街そのものが絶滅危惧種のように希少な存在となってしまったからか、昭和初期のお好み焼き屋が花街にあるのは何か特別な意味があると誤解しがちだ。しかし、当時の花街はありふれた盛り場の一種であって、洋食屋と同様、そこにお好み焼き屋が多かったことに特別な意味などなかったのだ。

ただし、戦前のお好み焼き屋の客筋に芸者が多かったことは確かなようだ。

〉ところが、この春、浅草の染太郎というウチで淀橋太郎氏と話をした。この染太郎はお好み焼屋だが、花柳地の半玉相手のお好み焼と違って、牛てんだのエビてんなどは余り焼かず、酒飲み相手にオムレツでもビフテキでも魚でも野菜でも何でも構わず焼いてしまう（青春論　坂口安吾）。

これは浅草染太郎を描いた坂口安吾の「青春論」の一部だが、〝花柳地の半玉相手のお好み焼〟とあるように、お好み焼き屋の客の典型として考えられていたのが、芸者や半玉なのである。お好み焼きには、芸者や半玉に好かれる何かがあったようなのだ。

もっとも、前述したようにオムライスなどの洋食も芸者や半玉に好まれたし、おしるこやみつ豆のような甘味も、当然のことながら好まれた。

だが、芸者にとってお好み焼きは、他の料理にはない特別な意味を持っていたのではないかと考える人もいた。作家の高見順はその一人である。

〉ままごとめいたものながら自分で料理をする喜びが、世の奥さん方と違って、その喜びから遠い日常の芸者たちには、ことのほか楽しかったのだ（異性読本　高見順）。

自分で料理を作る機会のない芸者や半玉が、つかの間の奥さん気分を味わえるのがお好み焼き屋だったというのだ。

高見のような捉え方をする人は、他にもいたようだ。

〉半玉や下っ端の芸者は自分の好きな男を呼ぶのに堂々とは呼べないからお好み焼屋へ呼ぶ。一つ二十銭とか十銭とかで、自分が奥さん気取りで焼く。まあ密会所ですな（歪められた性慾　雑誌「話」五巻七号）。

〉藝者衆等はかっぽう着を着て（著者注　この部分中略）旦那と家庭氣分を出して居る風景等良くあります（斯んな商賣もある　雑誌商店界昭和10年12月号）。

高見順の発想に見え隠れするのは、普通の家庭での主婦の生活こそが〝喜び〟すなわち幸福であり、芸者の生活はその〝喜びから遠い〟不幸な生活であるという考えだ。

この芸者が纏う薄幸の雰囲気というものが、すなわち芸者の魅力であり、同時代のライバル、カフェーの女給にはなかったものだ。あしながおじさん願望というか、援助気分を喚起させる不幸成分こそが、芸者の魅力の一つであったのだろう。

芸者は実際に薄幸であったのかもしれないし、あるいはそれは、男心をつかむための一つのテクニックとして、薄幸さを演出していただけなのかもしれない。そこら辺は男女の機微であるから、当事者の客ですら本当のところはわからないのではなかろうか。

現在の鍋料理の起源は、江戸時代の「小鍋立て」にある。飯野亮一は著書「居酒屋の誕生」において小鍋立ての歴史を明らかにしているが、飯野によるとそもそもの小鍋立ての始まりは遊里にあるという。

〉小鍋立ては親密さを示す食べ方として、まず遊里の世界にみられるようになる（居酒屋の誕生　飯野亮一）

明和年間には平賀源内や大田南畝が、遊里で夜明かしをした朝に遊女と囲む小鍋立てを描いている。鍋料理のような簡単なものでも、遊女が自分のために作ってくれて、ともに同じ鍋から箸で食べれば、うっとりとなる単純な生き物が遊里の客たる男なのだ。

昭和初期の花街のお好み焼きは、江戸時代の遊里の小鍋立てのようなものなのかもしれない。お好み焼きのような単純なものでも、芸者が焼いて、これを二人でつつけば親密な家庭気分が味わえる。それは芸者の家庭への憧れが動機だったかもしれないし、単純な男心を転がす振る舞いにすぎなかったのかもしれない。

いずれにせよ自分で作る、という他の店にはないお好み焼き屋の特徴が、花街の男女の駆け引きに、ピタリと当てはまった。それが、芸者がお好み焼きを焼く理由だったのかもしれない。

13　変わる駄菓子屋の文字焼

明治時代から記録に現れる駄菓子屋の文字焼（もんじやき、もんじゃやき）は、小麦粉を水に溶いたものに砂糖を煮詰めた蜜を混ぜて焼くか、小麦粉だけを焼いた後に蜜を塗って食べるという、シンプルな駄菓子料理であった。

懐に余裕のある子どもは、駄菓子屋で別売りとなっているあんこ玉を買い、これを小麦粉と水に混ぜて焼くか、焼いた小麦粉の皮に包んで食べた。前者は、エチオピア＝黒んぼ、後者はあんまき、おかしわ、おはち、おしることといった屋台の文字焼、お好み焼きのメニューに影響を与えた可能性がある。

小麦粉と蜜と餡以外の素材としては唯一、明治37年生まれの作家一瀬直行が「ほしえび」があったと証言している（随筆浅草　一瀬直行）が、これは例外的な事例である。

明治40年代に屋台の文字焼がお好み焼きに看板を書き換え、明治の末から大正のはじめにかけて天ものが生まれると、これが大ヒットとなった。天ものは日本各地の屋台に広がり、また、大人も屋台で天ものを買い、あるいは店舗において自分で焼くようになったのである。

麻薬のような天ものの魔力は、駄菓子屋の文字焼にも影響を与えた。小麦粉と蜜と餡だけだった文字焼の世界に、ソースをはじめとした天ものの材料が導入されるようになるのである。

天ものの影響を受けた文字焼の初出は、明治43年東京生まれの平塚良宣の証言。生年からして、大正の初めから中頃の話だろう（古老がつづる下谷・浅草の明治、大正、昭和5）。

〉うどん粉にさくらえびとか、ねぎとか、いかとかを混ぜてくれる（古老がつづる下谷・浅草の明治、大正、昭和5）。

〉（著者注　牛てんは）牛のこま切れの小さいのをねぎと一緒にして、かきまわして丸めて焼く（古老がつづる下谷・浅草の明治、大正、昭和5）。

具を混ぜて焼く方式である。味付けについては書いていないが、ここまで天ものをまねているのだから、おそらくソースあるいは醤油であろう。

明治44年東京生まれの巣瀬純一が駄菓子屋で食べた文字焼も、同じように生地と具を混ぜてから焼いた。

〉子供の頃のもんじゃやきはうどん粉をといて、それに何か切りいかみたいなものを中に入れて、自分でへらを使って焼くわけなんです。あんこなんかでは高いものもいくらかありましたが、値段によって内容がちがうんです。まあ、切りい

戦前の駄菓子屋の文字焼（大正時代）の作り方

かとか、えびとか、やさいなんかありましたが、そんなものをまぜて焼くわけなんです（古老がつづる下谷・浅草の明治、大正、昭和５）。

他にも小麦粉の生地に具材をまぜる例が４件あったが（古老がつづる下谷・浅草の明治大正昭和２）（聞き書　東京の食事）（開店休業　吉本隆明）（浅草子どもの歳時記　漆原喜一郎）、生地を焼いてからその上に具を乗せる、という方式は現在のところ見つかっていない。

駄菓子屋の文字焼は、あらかじめ生地に具を混ぜる方式が主流だったようだ。おそらくだが、具の量があまりに少ないので、具だけを別皿に盛っても悲しくなるだけだったのではないか。

繰り返しになるが、現在のもんじゃ焼きは値段が最低６００～７００円から、中心価格帯が１０００円前後の大人向けのもんじゃ焼きだ。なので、具がたくさん入っている。

戦前の駄菓子屋の文字焼は、今でいうならば10円から50円といった、子供の小遣い目当ての商売であった。必然、その量は少なく、茶碗か湯呑みにはいった水溶き小麦粉に、少量の干しえびやスルメや牛肉やキャベツが浮かんでいる程度のものだったのであろう。

14　ソース焼きそばはお好み焼きの一種

横浜中華街において炒麺を〝焼きそば〟と翻訳

明治26年生まれの作家、獅子文六は横浜の商家に生まれた。不潔であるからという理由で避けられていた南京町（現在の横浜中華街）に、物好きな日本人が通うようになったのは彼が10歳の頃、明治30年代なかば頃だという。

〝一部の横浜人が、安くてウマいという理由の下に、「南京」を食べることが流行した。鳥ソバだの、焼ソバだのという言葉は、彼らが発明したのだと思う（好食つれづれ草　獅子文六）〟。

ちょうどその頃、明治36年に出版された「横浜繁昌記」（横浜新報社著作部編）に、南京町で提供される料理とその日本語名が書かれている。各色炒麺（かくしよくしやめん）に対する日本語名は〝やきそば〟であった。

焼きそばという名前は、中華料理の炒麺に対応する日本語名として、横浜中華街で生まれた。現在は焼きそばというと真っ先にソース焼きそばのことが思い浮かぶが、本来は中華料理の炒麺を意味する言葉なのである。

明治43年に浅草で来々軒が創業すると、東京で大衆向け中華料理ブームが起こった。その様子を、元祖グルメライター松崎天民が昭和7年の「東京喰べある記」に記述している。

〉支那料理の大衆的普及と云ふことでは、浅草の來々軒が、腰掛式の簡易な構へであり、安價専一であるだけに、それだけ一般に呼びかける力が大きかった（東京喰べある記　松崎天民）。

昭和の東京において、町の隅々まで小さな中華料理屋ができたのは、この来々軒が起こした大衆中華ブームによってであった。

〉今、東京の各區や、場末や、隣接郊外地の賑やかな街で、狭くて小さい構へながらも、支那料理を看板にして居る店は、多く此の來々軒の系統らしかった（東京喰べある記　松崎天民）。

次章にて詳しく説明するが、大衆中華ブームはいわゆる〝町中華〟のみならず、中華料理以外の業態である東京中の蕎麦屋、食堂、カフェーに広がっていった。

横浜中華街で生まれた言葉〝焼きそば〟が東京に定着したのは、この大衆中華ブームのころだ。大正14年に発行された「食行脚東京の巻」（奥田優曇華）には、支那料理の名前の解説が載っているが、ここでも炒麺は横浜風に〝やきそば〟と翻訳されている。

作家の一瀬直行は、関東大震災後から昭和始め頃の浅草における大衆食堂のメニューを「懐かしの浅草」（浅草走馬燈所収）に記録している。その支那料理の欄にはニクヤキソバ20銭、エビヤキソバ、カニヤキソバ25銭がある。支那そば（ラーメン）が10銭なので、ヤキソバ（炒麺）はやや値段高めのメニューだったようだ。

この炒麺、実際には炒めるのではなく、揚げた麺にあんをかける方式が主流であった。

明治31年生まれの版画家森義利がお気に入りの中華料理は大勝軒のヤキソバだったが、そのヤキソバとは〝上にあんかけのある、カリカリの堅いほうの焼きそば〟だった（幻景の東京下町　森義利）。サトウ・ハチローもこの大勝軒の焼きそばは揚げ具合がいいと評価している（僕の東京地図　サトウ・ハチロー）。

現在でも揚げた中華麺を〝かたやきそば〟という名前でよぶが、この奇妙な名前は昭和のはじめにはすでに存在していたのだ。

中華料理のパロディ、ソース焼きそば

さて、最初期のお好み焼きのメニューは、洋食のパロディ料理を中心としていたが、大正時代以降中華料理が大衆化すると、これもメニューに取り込むようになる。

「1　大正7年のお好み焼き」に登場した「シウマイ一銭」はそのさきがけだ。当時の中華料理屋では、シュウマイは支那そば（ラーメン）、ワンタンに並ぶ人気メニューだった。シュウマイ専門の屋台が存在していたぐらいである。

このシュウマイ、高見順の「如何なる星の下に」の〝惚太郎〟のメニューに登場する。ということは、浅草染太郎の開店時から存在したメニューということだ。現在も、しゅうまい天の名前で染

太郎のメニューに残っているが、このお好み焼きのシュウマイについては後ほどあらためて取り上げる。

その他には内容は不明だが、フヨーハイというメニューを置く店もあった（雑誌商店界昭和10年12月号　斯んな商賣もある）。芙蓉蟹、つまりかに玉のことだろうか？

そして、中華料理の炒麺である焼きそばもメニューに加わった。その調味料としては、天ものがそうであったように、お好み焼きのメイン調味料ウスターソース（主な原料は醤油）が使われた。ここに、中国の麺とイギリス由来のウスターソースを組み合わせた、奇妙な料理ソース焼きそばが生まれたのである。

焼きそばの初出、というか焼きそば体験者のなかでの最年長者は、大正6年生まれの井上滝子である。彼女は、浅草千束町のお好み焼き屋台に〝やきそば〟があったと証言している。ということは大正時代末頃には、お好み焼きのメニューに焼きそばが存在した可能性がある（近代庶民生活誌18　下町　南博編集代表）。

作家の安田武は大正11年生まれ。彼は、巣鴨の縁日で、お好み焼き屋に焼きそばがあったと記憶している。

〉それよりもドンドン焼き。紅生姜と葱のショウガ天、サクラエビと葱のエビ天、するめと葱のイカ天、それから焼そば（昭和東京私史　安田武）。

〉みんな、青海苔をたっぷりかけ、四角に切った新聞紙にのせてくれる（昭和東京私史　安田武）。

ウスターソースを使っていることがはっきりとわかる例がある。大正12年生まれの池波正太郎がひいきにしていたどんどん焼屋「町田」の焼きそばには〝ソース〟が使われていた。

〉なんといっても、もとが本格のコックなのだから、牛てんやエビてんのようなポピュラーなものからして、味がちがう。値段は他の店と変らないというので、大人どももも〔町田〕だというと目の色を変える始末だ。〔やきそば〕なども、ソースでいためる前に豚骨のスープをそそいで焼く（食卓の情景　池波正太郎）。

また、池波は「むかしの味」において、どんどん焼の屋台に〝ソースやきそば〟があったと記述している。

サトウ・ハチローが昭和11年に朝日新聞に連載していた「僕の東京地図」には、向島のお好み焼き屋台がでてくるが、ここでもソースが使われている。他の材料としてはキャベツと、今では珍しいじゃがいもが使われている。

〉風呂屋の前に、毎日オコノミヤキの屋台が出るのだ。メニューに曰く、ポテトフライ、ロールキャベツ、カツレツともに5銭とおいでなすったね。ヤキソバ同じく5銭なるものがうまい。ソバを鉄板で、いため焼きにして、キャベツのみじん切りと、ジャガ薯のサイノメとが混じっているのだ。ソースの香りにむせびながら食うとよろしい（僕の東京地図　サトウ・ハチロー）。

お好み焼きメニューの中で最も人気があったソース焼きそば

東京府が昭和10年の「小資経営職業相談」において、また読売新聞社が昭和11年の「拾円で出来る商売」においてお好み焼き屋台の開業方法を指南しているが、いずれも焼きそばは必須のメニューとなっている。「小資経営職業相談」によると焼きそばは売れ行きが良いそうだ。

大人向けの店舗となったお好み焼き屋においても、焼きそばがあった。

高見順の「如何なる星の下に」の惚太郎のメニューに焼きそばの名前が登場する。つまり、惚太郎のモデルである浅草染太郎においては、開店当初から焼きそばが存在したということになる。染太郎における高見順の得意料理は〝ソース焼きソバ〟であったと、友人の作家野一色幹夫が記憶している（夢のあとさき）。ということは、高見順が生きていた頃から、染太郎の焼きそばは現在のようなウスターソースで焼く焼きそばだったようだ。

他にも雑誌商店界昭和10年12月号「斯んな商賣もある」、読売新聞昭和11年11月4日夕刊記事など、お好み焼き店舗で実際に焼きそばを提供していた例がある。また、「小資本開業案内」（商店界編輯部編）にお好み焼き店舗の開店マニュアルが載っているが、やはり焼きそばがメニューに組み込まれている。

大正末もしくは昭和はじめにお好み焼きのメニュー＝中華料理の炒麺のパロディとして誕生したソース焼きそばだが、その人気は天ものさえもしのぐものであった。というのも昭和10年頃には、お好み焼きから独立した、専門の屋台までができるようになったのである。

明治31年生まれの森義利は次のように証言する。

〉戦前でいえば、屋台の食べ物としては、ラーメンより普及していたのがソース焼きそばでした。ソース焼きそばは、いまはどこでも、ちょっと人が集まるところには、必ず店が出ていますが、戦前は町には売りに来ていなかった。縁日の時に出ていて、客は子どもばかりでした。三銭かそこいらで、脂でぎとぎとになったところにソースをジューッとぶっかけてから、麺を新聞紙の切った上に乗せて出す。子どもは箸ではなく串一本で食べていました（幻景の東京下町　森義利）

昭和11年発行の「素人でも必ず失敗しない露天商売開業案内」（増田太次郎）には、去年頃すなわち昭和10年頃から、焼きそばの専門屋台が流行しだしたという。

〉これは僅か去年頃から急に流行して來た商賣で、駄菓子屋や惣菜おでん屋でもやっているが、夜店でも實によく賣れてゐる（素人でも必ず失敗しない露天商売開業案内　増田太次郎）。

焼きそばと一緒に炒める具材は揚げ玉とキャベツ。いずれもお好み焼きに使われる具材であり、ここらへんはお好み焼きの遺伝子が残っている部分である。

昭和7年から20年ごろの深川では、テント張りの大型屋台まで登場していたようだ。

〉ソースヤキソバというやつで、お不動様の縁日などでは大がかりなものは、天幕を張って縁台や床几を並べて、それに腰掛けて食べるようになっていたが、裏通りにも屋台を引いて回って来た。縁日でもそうだったが、何枚も洗うので濁ってしまったバケツの水で何回目かの皿を洗って、それに盛ってくれた（裏町の唄　森川直司）。

サトウ・ハチローによると亀戸天神の前にもテント張りの大型屋台があったそうなので（僕の東京地図）、ある意味お好み焼き以上の人気を博していたことがわかる。

他にも焼きそば専門屋台の証言はあるが（江東ふるさと文庫6　古老が語る江東区のよもやま話（聞き書　東京の食事）（大正十年生まれ）、ソース焼きそばの人気はお好み焼き屋や専門屋台にとどまらなかった。

「素人でも必ず失敗しない露天商売開業案内」には〝駄菓子屋や惣菜おでん屋でもやっている〟とあるが、駄菓子屋の文字焼にも、天ものに続いてソース焼きそばが登場するようになる。

〉冬の駄菓子屋では鉄の平板を火鉢にのせ、その熱で文ン字焼や、やきそばを焼かせている（下タ町風物誌　宮尾しげを）。

一方、大正13年東京月島生まれの思想家吉本隆明によると、駄菓子屋の焼きそばは店のおばさんが焼いてくれたという（開店休業）。

他にも駄菓子屋の焼きそばの事例はあるが（浅草子どもの歳時記　漆原喜一郎）、その数は少ない。駄菓子屋が飴細工やしんこ細工をまねしない理由について書いたように、売れないと廃棄ロスになる中華麺の仕入れは、薄利商売の駄菓子屋には難しかったからではないだろうか。

15　来々軒と支那そばの普及

支那そばを発明したのは来々軒なのか？

　中華麺をソースで炒めるというお好み焼きの一種、ソース焼きそばは登場するや天ものなみの人気を獲得し、昭和10年頃にはお好み焼きから独立した専門屋台、それもテント張りの大型屋台まで現れるようになった。

　しかしながら、天ものが大正時代末から昭和のはじめに日本各地に広まった一方、戦前のソース焼きそばの普及は東京のみに留まった。

　ソース焼きそばは第二次世界大戦後に生まれた、という俗説がある。この俗説は間違いであるが、東京以外における普及、という意味では第二次世界大戦後ということになろう。

　東京以外の土地において、戦前にソース焼きそばが広まらなかった理由。それは、中華麺を容易に入手できる環境が整っていたのが、東京のみであったからと推測する。

　ソース焼きそばが登場する大正末期から昭和初期の東京においては、既に中華麺の製造流通業といえるものが成立していた。全国に先んじて中華麺の製造流通が盛んになったこと、そしてお好み焼きの誕生の地かつもっとも栄えた地であったこと。これらが東京においてソース焼きそばが生まれた理由である。

東京において中華麺の製造流通業が盛んになったきっかけは、浅草の大衆中華料理店、来々軒の開店であった。

この来々軒の歴史的位置づけについて、ここで資料を整理しておきたい。というのも来々軒については間違った情報が錯綜しており、その間違った情報の多くが「ラーメンの誕生」（岡田哲）に由来するからだ。

岡田は、南京町（現横浜中華街）の麺料理は次のようなものであったと主張する。

〉手で伸ばす拉麺（ラーミエン）ではなく、包丁で切る柳麺、トンコツの澄んだ塩味のスープ、トッピング無しのシンプルさ（ラーメンの誕生　岡田哲）。

この麺料理（柳麺）を来々軒が日本人向けに改良し、塩味を醤油味に、豚骨スープを豚骨と鶏ガラのスープに、麺を柳麺から手で伸ばす拉麺に、葱だけのトッピングにチャーシューとシナチクを加え、〃「シナそば」を創作したのである〃と岡田は主張する。

〉その浅草に、横浜の南京街からきた広東省の料理人が、日本人好みのめん料理の試作を繰り返す。そして、トンコツにトリガラを加えて、コクはあるが、あっさりとしたスープを考案し、塩味から関東の濃口醤油の味にして、従来の刻みネギだけに、シナチク・チャーシュー・ネギを加える（ラーメンの誕生　岡田哲）

これらは根拠のない主張だ。来々軒が支那そばを考案したという根拠や資料を、岡田は提出していない。

根拠がないだけではなく、岡田の主張は様々な資料と矛盾する。

例えば、明治30年代に実際に南京町でラウメン＝豚蕎麦を食べた作家、長谷川伸は次のように証言している。

〉ラウメンは細く刻んだ豚肉を煮たのと薄く小さく切った筍が蕎麦の上にちょっぴり乗っている（ある市井の徒　越しかたは悲しくもの記録　長谷川伸全集第10巻所収）

「ラーメンの誕生」にもこの証言は引用されている。にも関わらず、岡田は南京町の〝柳麺〟は〝トッピング無しのシンプルさ〟であったと主張する。

しかもその数ページ後には、〝従来の刻みネギ〟とネギがトッピングされていたという記述もあり、数ページのうちに矛盾が複数存在するのだ。

南京町の〝柳麺〟は〝トンコツの澄んだ塩味のスープ〟であると岡田は主張するが、その主張を裏付ける資料は、岡田の本に登場しない。しかもそのような主張をしているのは岡田のみだ。

そもそも、南京町から日本に伝わった麺が柳麺のみであるという岡田の主張も、根拠が無いうえに無理がある。

長谷川伸は南京町で食べた麺をラウメンまたは豚蕎麦と表現しているが、獅子文六は鳥そばと表現している（好食つれづれ草）。日本人が食べていた麺にも、複数の種類があった。

明治30年発行の社会百方面（乾坤一布衣）には、横浜南京町のメニューとして豚蕎麦と妙粉銀麺がでてくる。明治36年発行の横浜繁昌記では、銀絲細麺（南京そば）、牛肉大麺（牛そうめん）の2つが登場する。

支那そばは南京そばとよばれることもあったが、南京そばを中国名で表している資料はこの「横浜繁昌記」だけだ。そしてその中国名は〃銀絲細麺〃であって〃柳麺〃ではない。

そもそも、長い麺食文化の歴史を持つ中国の麺料理のバリエーションは多彩である。大正14年発行の「食行脚東京の巻」（奥田優曇華）には五百数十種の中華料理のごく一部が記載されているが、一部とはいえ麺類だけで18種類あり、その中には柳麺だけでなく天津麺（かにたまごそば）、生馬麺（さんまやめん）（いりぶたそば）、揚げた麺を煮た伊府麺など、現代でもおなじみの麺料理が記載されている。

横浜南京町にもおそらくは、中国から多くの麺料理が移入されたことだろう。支那そば＝ラーメンは、横浜南京町の多くの麺料理の中から、日本人好みの麺料理として次第に生まれていったと考えるのが妥当であろう。

いずれにせよ、岡田の主張を裏付ける資料は現在のところ存在していない。また、次に述べるように来々軒以前にも支那そばを提供していた店舗は複数あり、来々軒が支那そば（ラーメン）を発明したという岡田の主張は信憑性に欠けるものだ。

来々軒は日本初のラーメン店なのか？

来々軒が支那そば（ラーメン）の発明者でないとするならば、ラーメン史における来々軒の位置づけとはどのようなものであろうか。

新横浜ラーメン博物館はウェブサイトで、以下のように主張する（２０１８年9月現在）。

〝東京ラーメンの草分けは、明治43年に浅草公園に開店した「来々軒」である。中華料理店はそれ以前から存在していたが、庶民を対象として、ラーメン、ワンタン、シュウマイなどをメーンとした店はこれが初めてであった。

この主張は間違いである。〝ラーメン、ワンタン、シュウマイなどをメーンとした店〟は来々軒以前にも存在した。

昭和8年発行の「浅草経済学」（石角春之助）によると、明治41年浅草千束町に中華楼という料理屋が開店したが、この中華楼は〝これまでの支那料理店と異なり、支那そば、シューマイ、ワンタンを看板とするそば屋であった〟。来々軒開店の2年前のことである。

江戸と東京昭和13年新年号においても、〝東京に於ける支那そば屋の元祖は浅草千束町の中華楼がそれである〟と明記されている。

中華楼の開店前後には二三の支那料理店が出来たり廃業していた（江戸と東京、前出）。また来々軒と同じ時期に〝支那ソバ屋〟が1軒、支那料理屋が2軒開店しており（浅草経済学、前出）、来々軒は明治末に浅草に開店した複数の支那料理店の一つにすぎないことがわかる。

中華楼以前にも、支那そばを販売する店や、大衆的な中華料理店は存在した。「銀座百話」（篠田鉱造）によると、義昌堂という銀座の支那料理店が明治27年12月の読売新聞に開店広告を出している。そこには〝わんたん　金　四銭より〟〝南京そば　金十二銭より〟とあった。南京そばの東京における初出だが、値段は大衆的とはいえない。

明治30年代になると神田神保町あたりには中国人留学生が住むようになる。すると彼らを目当てにした大衆的な中華料理店もいくつかできて、そこに日本人も訪れるようになった。

生方敏郎によると明治30年代に〝神保町の通りには二軒までも支那料理が出来た。私たちも物珍しく、よくワンタンやシュウマイを食べに行った〟（明治大正見聞史）。

「東京の味」（角田猛）によると神保町には中華第一楼、大雅楼その他、九段には維新号があったそうだ。依田学海は明治33年に〝支那下等飲食店〟である神保町関羽楼で〝豚蕎麦〟を食べている（明治西洋料理起源　前坊洋）。

神田の中華料理店については作家の谷崎精二や獅子文六も言及しており、横浜南京町に日本人が通い始めた明治30年代には、東京においても中華料理への関心が高まっていたことがわかる。

来々軒は日本初の支那ソバ屋でもなければ、日本初の大衆的中華料理店でもなかった。来々軒は、明治30年代に横浜と東京で高まっていた中華料理への関心がいきついた帰結の一つであり、浅草においては中華楼をはじめとする、明治末に開店した複数の中華料理店の一つに過ぎないのだ。

来々軒とは、いったい何だったのか？

来々軒は支那そば（ラーメン）の発明者でもなければ、日本初の支那そばを中心とした大衆的中華料理店でもない。それでは、ラーメン史における来々軒の位置づけとは何なのだろうか。
再び「浅草経済学」（石角春之助）によると、大正期の来々軒の繁盛は大変なものであったという。

〈浅草の事情を知らない者でも、來々軒と言へば、其の名と所在を知つてゐると言ふ全く畸形的な程、其の存在は有名であつた（浅草経済学　石角春之助）〉

〈「淺草へ行けば來々軒だ」と朝出る時に既に心の準備を整へて來る者が数限りなくあつたものだ（浅草経済学　石角春之助）〉

来々軒の名前は東京中にとどろき、来々軒に行くことが、浅草に行く目的になるほどだった。石角はこれを〝賣名的に、成功した〟というが、なぜそれほどに名前が売れたのかというと、多額の宣伝費を投入したからであった。

〈殊に長男の尾崎新一君が、太つ腹で宣傳と言ふことには、金錢を度外視して、徹底的に斷行したものである（浅草経済学　石角春之助）〉

多額の宣伝費によって中華料理ブームを生み出し、支那ソバ＝ラーメンを東京に、ひいては日本に根付かせるきっかけを作った。これがラーメン史における来々軒の存在意義である。

来々軒の創業者は尾崎貫一。小菅桂子の「にっぽんラーメン物語」によると、横浜税関職員という安定した身分を52歳という高齢で捨てて、来々軒を創業した。

その長男尾崎新一は早稲田大学商科出身。当時としては相当高い学歴であるにも関わらず、通常の就職先を選ばず、父と「支那そば屋」の経営にあたった。

当時の身分としてはエリートといっていい、大衆中華料理店を経営するにしては異色の親子である。彼らが安定した人生を捨てて、中華料理に勝機を見出した理由は、宣伝にあったと考える。

一つの小さな店舗が、宣伝によってブームを引き起こす。現在でもなかなか考えられないサクセスストーリーだ。しかし、明治末期から昭和初期の東京において宣伝の重要性は非常に高く、尾崎親子がそのようなサクセスストーリーを描き、実現することも可能だったのだ。

昭和5年に発行された天麩羅通（野村雄次郎）において、神楽坂の屋台「勇幸」主人である著者は次のように述べている。

＞試しに日々の都新聞を手にして、いわゆる社会面下の広告欄を御覧になると、小さいのは四、五行、大きくて十五、六ぐらいの、天麩羅屋の広告の二つや三つ、出ていない日がないことがお分かりになりましょう（天麩羅通　野村雄次郎）。

今では考えられないことだが、大手の新聞に毎日天ぷら屋の広告が載っていたのだ。飲食店が多額の費用を投入するほどの価値が、当時の宣伝にあったからだ。

来々軒以外にも、多額の宣伝費によって成功した飲食店の例がある。

銀座にヒゲの天平という有名な天ぷら屋があった。銀座の老舗天一の創業者が修行した店だ。天麩羅物語（露木米太郎）によると、現在の中央区京橋という銀座の盛り場から離れた場所に店を構えていた天平に、常連客が次のようなアドバイスをしたという。

〉「こんな場所では、いくらうまいものを勉強しても東京一にはなれないから、思い切った宣伝をしなさい。失礼ながら宣伝費ぐらいなら御立替えしてあげてもいいよ、ただし後日儲かったら返しておくれ」（天麩羅物語　露木米太郎）

さらにその客は〝一ヶ月百円利益があったら百円全部を宣伝費に使うこと、毎月食べてさえいければ、その内お客は殖えるから〟と店主に説いた。

宣伝の効果を熟知していたその常連客の名は、鈴木三郎助。味の素の創業者である。その後鈴木のアドバイスに従い広告費を投入した天平は、「ヒゲの天平」として有名店となっていったのである。

市電と新聞の時代

この時代、明治末から昭和初期にかけて、なぜ宣伝はかくも大きな力をもっていたのか。その背景には東京の人口爆発と、市電網の整備と、新聞の普及があった。

東京府の人口は、明治41年に３０５万人であったものが、10年後の大正7年に３７１万人、大正14年に４４８万人、昭和10年に６３６万人と、明治末から昭和初期のわずか25年ほどの間に2倍に膨れ上がった。

これは産業構造の変化、工業化により農村部から都市に人口が流入した結果であるが、その人口流入を支えたインフラが、水道・ガス・電気、そしてその電気で動く市電であった。

人口増加にともなって、住宅地は郊外へと広がっていった。住宅地の近くに勤め先があるならばともかく、多くの人の場合職場と住居に距離があった。その距離を埋める通勤手段が、市電だったのである。市電による通勤手段があったからこそ、東京という都市は膨張することができたのだ。

東京の市電網は、明治30年代後半から40年代はじめに急速に整備された。この市電網は単なる通勤手段だけではなく、就業後あるいは週末や休日の娯楽にも用いられた。

日本橋の三越百貨店が「今日は三越　明日は帝劇」というコピーで宣伝を打ったのは、市電が整備された明治末である。

市電以前の東京内の交通手段といえば、人力車と馬車ぐらいしかなかった。明治30年代以前に宣伝を打っても、三越に気軽に来ることができた人は、富裕層か交通の便に恵まれた一部の人に限られていたのである。

市電という安価で便利な交通手段が生まれて初めて、三越百貨店は「今日は三越　明日は帝劇」という宣伝を、東京の大衆全体に向かって打つことができたのだ。

拡大しつづける東京の隅々にまで宣伝を行き渡らせるためには、広告を載せて運ぶ媒体が必要だ。

その役割を果たしたのが、新聞であった。

日本の新聞は戦争を糧にしてその部数を延ばしていった。日清日露の両戦争のおかげで、新聞の部数は大幅に伸びたのである。

新聞が部数を増やした日露戦争の頃から市電網が整備され、農村から都会への集団移住と東京の都市拡大が加速し始めた。

故郷から切り離された移民たちは、衣食住全ての生活を、それまでの故郷の方式から都会式に構築し直す必要があった。あるいは、言語や道徳までも都会のそれに順応する必要があった。その際に依るべき情報源となったのが、新聞なのである。

こうして新聞は東京の隅々の大衆まで情報を伝える神経網となった。新聞が神経網であるならば、市電は血管網である。この血管網に乗って、人々は東京のあらゆる場所に吸い寄せられていったのである。

そしてその神経に流れる情報を操作できれば、血流、すなわち人の流れを操作することができた。これこそが宣伝の効果である。

現代の我々は、複雑で多様なメディアと氾濫する情報の中に生きている。また、店を訪問して購入する、あるいは飲食店で食べる以外の購買行動のオプション、例えば通販や中食や宅配などの選択肢がますます多くなっている。

このように複雑化した時代には、単純なマス広告はその効果を発揮しづらい。一方、市電と新聞という限られた選択肢しかなかった明治末から昭和のはじめの大衆には、マス広告が魔法のように効いた。

新聞広告に金をかければ、リピーターとなるかどうかは別として、とにかく客は市電に乗ってやって来る。広告業者にとっては夢のような状況が、明治時代の末に生まれたのである。

その可能性にいち早く気づいたのが三越百貨店であり、味の素の鈴木三郎助であり、来々軒の尾崎親子であった。

来々軒後の支那そばの展開

明治36年生まれのコメディアン古川緑波は、中学生の時に来々軒のチャーシュー・ワンタンメンを食べ、そのおいしさに感激している。

＞十二階があったころの浅草、といえば、震災前のこと。中学生だった僕は、活動写真を見るために毎週必ず、六区の常設館へ通ったものだ。はじめて、来々軒のチャーシュウ・ワンタンメンというのを食って、ああ、何たる美味だ！と感嘆した（ロッパの悲食記　古川緑波）。

古川緑波は華族の生まれであり、金に不自由しない身分ではあったが、とはいえ中学生が毎週浅草に通い、活動写真を見ることができたのは、市電という安価な交通手段があったからだった。

そして古川緑波のような中学生までもが名前を知っていたのが全盛期の来々軒であり、それはひとえに宣伝費をかけた広告の成果であった。

大成功を収め、東京に大衆中華料理ブームをおこした来々軒だったが、順風満帆に思えたその矢先に不幸が相次いだ。

まず、創業者の尾崎貫一が大正11年に65歳で死去。その翌年、関東大震災が発生し、浅草とともに来々軒は灰燼に帰した。その後再建を果たすも、昭和2年に長男の尾崎新一が36歳の若さで死去。

その後昭和に入って以降、来々軒は往時の勢いを失っていったようだ。だがそれは、来々軒が産んだ大衆中華料理ブームにより、来々軒の類似店が生まれたり、支那そば等を提供する店が増えたために、相対的に存在感が薄れていっただけなのかもしれない。

尾崎親子は亡くなってしまったが、彼らが仕掛けた大衆中華料理ブームの火が消えることはなかった。

来々軒に続いてこのブームを牽引したのが、14章で取り上げた小さな中華料理店、現在で言うところの町中華である。

昭和7年の「東京喰べある記」（松崎天民）は、東京のあちこちに来々軒似の小規模店舗が存在していると記している。

〉今、東京の各區や、場末や、隣接郊外地の賑やかな街で、狭くて小さい構へながらも、支那料理を看板にして居る店は、多く此の來々軒の系統らしかった（東京喰べある記　松崎天民）。

「ラーメン史を「夜」から読む」（右田裕規　夜食の文化誌所収）によると大正14年の東京市の支那料理業者は523軒。これが昭和3年の東京府となると、中華料理屋の軒数は2831軒になっている。寿司屋の１７９１軒を超え、蕎麦屋に次ぐ東京第二位の外食業となっていたのだ。よく、支那そばを普及させたのは大正時代の支那そば屋台であるとか、震災後に増えた支那そば屋台であるという説を耳にするが、これらの俗説は誤りである。

再び右田によると、昭和６年の東京市露天商調査ではアンケートに回答した露天商４６４４人中、支那そば屋台は25人とその数は非常に少なかった。

アンケート対象以外の露天商も含め、東京市の露天商の全体の数が推計１４０００人。そうすると東京市の支那そば屋台露天商は１００人に満たない数であったろうと右田は推計する。

東京中に増殖し、寿司屋をも凌ぐ勢力となった中華料理店の数に比較すると、屋台の支那そば屋の数はあまりにも少ない。支那そば普及の主力であったとはいい難いのである。

そして、中華料理店や支那そば屋台以上に支那そば普及に拍車をかけたのが、カフェーや食堂、蕎麦屋といった別業態による支那そばのメニューへの取り込みであった。

別業種の店が参入した例としては、「ちんや」があげられる。

現在はすき焼き専門店であるちんやだが、昭和初期には中華料理もやっていた。もっとも、出自が狆（ちん）を売るペットショップで、講釈場を経由して食堂、ついで牛鍋の店になり、その後カフェーも経営していた千変万化の店なので、中華料理をやっていたとしても不思議はない。いかにも浅草らしい、流行にはすかさず乗るタイプの店である。

〵浅草での支那料理の全盛期は、言ふまでもなく、大正初期から其の末期にかけた約十二三年間であつた。此の間に於ける浅草の支那料理は、全く群雄割拠の時代と見るべき時で、恰も雨後に於ける筍のごとく、次から次へ出來ていつたものだ（浅草経済学　石角春之助）。

「浅草経済学」によると、大正時代の浅草支那料理全盛期を牽引したのは、カフェーという名の西洋料理店であった。

〉わけても群小西洋料理店が、これを兼業するのが、一つの流行の如く考へられ、一時は大抵の店が、支那料理を兼ねてゐた（浅草経済学　石角春之助）。

戦前のカフェーの実態は場所や店によって大きく異なるが、一般的には女給を置いた西洋料理店、と考えて良い。その浅草のカフェー群が、中華料理をメニューに加えたのである。

大正2年の雑誌経済時報11月号に「商売百種　南京蕎麦屋」という記事があるが、ここでも浅草において〝普通の西洋料理店で兼業するやうになつた〟と、カフェーで支那そば（南京蕎麦）を出していたことが言及されている。

西洋料理を主とした小規模なカフェーにおいて、一から中華麺の製麺を行うとは考えにくい。大正時代の浅草には、中華麺の製造業や卸売業が存在し、これらのカフェーに中華麺を供給していた可能性が高いと考える。

焼きそばの初出は　浅草千束町のお好み焼き屋台であり、大正時代には既にやきそばが存在した可能性がある（近代庶民生活誌18　下町　南博編集代表）。浅草ではそのころすでに中華麺を容易に入手できる環境にあり、それをお好み焼き屋が導入して、中華料理のパロディである焼きそばをソース味で作ったのではなかろうか。

中華料理店以外でいち早く支那そばなどを取り込んだのは浅草のカフェーであったが、関東大震災後から昭和はじめにかけては、浅草以外の土地の西洋料理店をはじめ、東京中のあらゆる業態の飲食店が中華料理を取り込むようになる。

実業之日本大正13年6月号には、関東大震災後の東京において支那料理屋が目につくようになったことに加え、〝従来の西洋料理屋が支那料理をも兼業するに至つたのは、山の手方面は勿論のこと、場末から郊外の新開地にかけて、其の實例が甚だ夥しい〃と、浅草以外の西洋料理屋も中華料理を出すようになったことを伝えている。

昭和2年発行の「小資本開業案内」は〝東京市の統計課の調べによると市内に九百三十餘軒の支那料理店がある。中には洋食店兼業二百五十軒があり〃と、西洋料理と中華料理の兼業店が多くできたことを伝えている。

昭和2年発行の「銀座」（松崎天民）にはタイガーという銀座の有名カフェー店が広告を出しており、そこには〝米国式支那料理〃とある。

昭和3年に発表された林芙美子の「放浪記」においても、林がモデルである主人公が務めるカフェーに支那そばがあり、〝「姉さん！　支那そば並のを二丁くんな。」〃と注文する客が登場する。

西洋料理店以外にも、中華料理は広がっていった。

昭和2年発行の「人間見物」（松崎天民）によると縄のれん＝下層階級向けの居酒屋にも支那料理を出す店があったという。

昭和5年発表の川端康成「新版浅草案内記」によると浅草の本郷バーが支那そばを10銭でだして

いる。本郷バーは洋食を中心としたファミレスチェーン店だ。

一瀬直行の「懐かしの浅草」（浅草走馬燈所収）には関東大震災後から昭和始めの浅草の食堂メニューと平均的な値段が記載されているが、そこにはラーメン、シュウマイ、ヤキソバなどの支那料理が出てくる。浅草の食堂では、本郷バーに限らず中華料理を出すのが一般的だったようだ。

明治の末から百貨店が食堂を設置するようになるが、昭和のはじめの百貨店の食堂は、それまでの和食に加え、洋食と中華料理をメニューに加えるようになっていた。

昭和3年から時事新報に連載された「食堂巡り」という食べ歩き企画があった。その内容は「東京名物食べある記」（時事新報家庭部編）にまとめられているが、記者たちは複数の百貨店（銀座松屋、上野松坂屋、新宿ほてい屋）において支那そばなどの中華料理を食べている。

銀座松屋の回には〝一體に百貨店の支那料理はうまくない〟とあるので、百貨店の食堂で中華料理を出すことは、この三店舗に限らず一般的な慣行であったようだ。

昭和の初めには私鉄がターミナル駅に食堂を作る習慣があったが、新宿京王電車地下室食堂では支那料理9種30銭均一、支那そば10銭と中華料理が充実していた。

その他、「東京名物食べある記」ではビジネス街のランチも批評しており、丸ビルの丸菱食堂で中華料理を食べている他、新橋の老舗料理屋花月楼の流れをくむ丸ビル花月でもシュウマイを食べている。

劇場の食堂では、丸の内帝国劇場の東洋軒が和洋中各定食を出しており、〝支那食が大體一番人氣があるやう〟であった。また、歌舞伎座、明治座、市村座には中華料理専門店が入っていた。

このように、昭和初期の盛り場での外食シーンでは、和洋中様々な料理を選べることが通例になっており、中華料理は日常に根付いていたのだ。

だが、中華料理の中でもこと支那そばに限っていえば、その普及にもっとも貢献した外食店は、蕎麦屋であったろう。

昭和3年の東京府における中華料理屋の軒数は2831軒だったが、蕎麦屋の数はそれを凌ぐ4054軒。東京でもっとも多い外食店である蕎麦屋が、大正時代から支那そばをメニューに加えるようになったのだ。

作家の平山蘆江は「東京おぼえ帳」において、大正時代に蕎麦屋に支那料理が広がっていったさまを次のように描写している。

〉チャアシウ麺とかワンタン麺とかラア麺とか油っぽいのが、鍋やきうどんや、風鈴そばやを追払って、そばやの見世の中へ天どんと共に割り込むやら、折角、意気なあんちゃんの腰かけぶりも台なしに怪しげな円てえぶるや、半これの椅子席が、やぶそばの看板の家にさへ据ゑつけられるやうになったのだ（東京おぼえ帳　平山蘆江）。

〉東村山の貯水池のほとりに一軒、すばらしいそばやが出来たのは、東京市中のそばやがあら方焼売とチヤアシウ麺に占領されかけた大正末期のことだからすばらしい（東京おぼえ帳　平山蘆江）。

大正7年生まれの加太こうじによると、蕎麦屋が支那そばを導入したのは、日本の蕎麦よりも支那そばのほうが栄養的に優れている、との認識が広がったからだそうだ（私の江戸―東京学　加太こうじ）。

〉昭和初期に栄養学が話題になったとき、脂肪分や動物性蛋白質が日本の蕎麦より多いと思われる当時の支那ソバ、今の中華ソバの人気が上昇した。それで、蕎麦屋中にも支那ソバを食べさせる店ができた（私の江戸―東京学　加太こうじ）。

昭和5年に発行された「蕎麦通」（村瀬忠太郎）では、著者が支那そばを売るようになった蕎麦屋の堕落を嘆いている。

〉支那蕎麦も売れば、てんどん、親子、鰻丼の飯をも売り、汁粉雑煮の餅まで商うようになった（蕎麦通　村瀬忠太郎）。

また、昭和10年発行の「近世日本食物史」（笹川臨風　足立勇）には〝蕎麦屋では傍ら支那そばを拵えている〟とある。

これまで見てきた中華料理を出す店、浅草の中華料理店、浅草銀座のカフェー、百貨店の食堂、劇場の食堂などは住宅地から離れた盛り場に存在した。東京の中華料理はまず、盛り場の外食として広まったのだ。

だが、蕎麦屋は江戸時代の昔から、住宅街を網羅してきた日常の食事場であった。支那そばは蕎麦屋を介して、盛り場のハレの食べものから、住宅地の日常食へとその性格を変えていったのである。

東京の蕎麦と支那そばの融合

昭和のはじめに、東京の蕎麦屋が支那そばをメニューに加えるようになった。このことにより、支那そばは盛り場の食事から日常食に変わっていくわけだが、変わったのはそれだけではなかった。料理としての支那そばそのものにも、変化が生じていったと推測される。

来々軒三代目の尾崎一郎によると、来々軒の支那そばのトッピングは以下のようなものであった。

〈そばの上に載る具はシンプルなもんでしたよ。焼豚にシナチク、あとは刻み葱だけ。味は醤油です〉(にっぽんラーメン物語　小菅桂子)。

この支那そばが蕎麦屋に導入された際、トッピングになるとと海苔が加わった。なるとはおかめ蕎麦の「頬」の部分、海苔はざるそばや花巻そばのトッピング、いずれも江戸時代から東京の蕎麦屋にはおなじみのトッピングである。

加太こうじの「江戸―東京学」によると、昭和はじめの蕎麦屋の支那そばは、中華料理店とは違う出汁を使っていたという。

〈日本風の蕎麦屋が支那ソバを作ると、豚骨や鶏骨でスープを作らないから、汁の味が淡白である。それが好まれて、従来の中華風のソバは脂っこいとされた（私の江戸—東京学　加太こうじ）。

蕎麦屋であるからには、鰹節、鯖節などの魚の出汁を使っていたのであろう。昭和のはじめであれば、既に味の素を導入していた可能性もある。

こうして、魚の出汁を使ったスッキリとした味わいのスープに、なるとと海苔が乗った支那そばが生まれた。

これがいわゆる東京ラーメンであるが、この東京ラーメンは、横浜南京町で生まれた支那そばと、東京の蕎麦をかけ合わせてできたハイブリッドであると推測する。

もう一つ、東京の蕎麦屋が支那そばに与えた大きな影響がある。製麺方法だ

来々軒の三代目尾崎一郎は、来々軒の製麺方法は次のようなものであったと証言する。

〈麺の材料は粉に卵にかん(木へんに見)水。これをまず手でまとめていく、ある程度全体がまとまったところで青竹を使って伸ばすシナのやり方で仕上げていく（にっぽんラーメン物語　小菅桂子）。

にっぽんラーメン物語によると、明治18年生まれの奇術師の李三太夫は、来々軒をまねて大正はじめに「シナそば屋」李彩飯店を開店した。息子の二代目李三太夫によると〝その時分は麺だって

青竹を使ってやるシナの手打〟だったという。

青竹を使って麺を打つ方法は、日本では栃木県の佐野ラーメンに受け継がれている。太く長い青竹に片足を乗せ、全体重をかけて梃子の原理で麺を打つ方法だ。

この青竹打ち、中国広東省の「竹升面」が伝わったものである。広東省からの移民が多かった横浜南京町にもこの「竹升面」が伝わり、それが来々軒を通じて東京にもたらされたのだろう。

中国の製麺法には多くの種類がある。当然のことながら、横浜南京町にも「竹升面」以外の製麺法が持ち込まれたことであろう。だが、来々軒が選択したのは青竹で打つ「竹升面」であった。

この選択が、支那そば普及に大きく寄与することとなる。

来々軒の三代目尾崎一郎によると、青竹の手打ちは昭和5、6年頃から次第に機械に取って代わられていったという。

〉昭和5、6年までこのシナの手打ちでしたが、だんだんそれだけでは間に合わなくなって半手打ちになり、本当に全部が機械打ちになったのは、昭和十年頃じゃあなかったかと思いますよ（にっぽんラーメン物語　小菅桂子）。

なぜ製麺の機械化が可能であったかというと、「竹升面」が基本的に蕎麦の打ち方と同じであったため、蕎麦の製麺機械がそのまま応用できたからだ。

蕎麦は麺棒で生地を伸ばして、包丁で切って麺を作る。青竹こそ使っていないが、生地を伸ばして包丁で切るという基本は「竹升面」と変わらないのだ。

東京の蕎麦屋では、明治時代から麺打ちの機械化が進んでいた。藤村和夫によると、大正10年頃には蕎麦屋のほとんどが機械製麺に移行していたという（そば屋の旦那衆むかし語り）。

大正時代の浅草で中華麺の製麺業が発展

機械製麺が可能であるということは、広東から製麺職人をよばなくても、あるいは日本人の製麺職人を育成しなくとも、麺の大量生産が可能だということだ。

そして蕎麦屋が支那そばを導入できたのも、手持ちの製麺機械で中華麺を製麺することができたからだ。

昭和11年の「拾円で出来る商売」（読売新聞社便利部編）にはお好み焼き屋台の起業指南が書いてあるが、焼きそばに使う〝支那そば〟は〝そば屋から分けて貰ふ〟とある。蕎麦屋が中華麺の製麺を行っていたからだ。

横浜にもたらされたのが山西省の刀削麺、中国西北部の手で伸ばす拉麺であったならば、機械化は無理であったし、大正から昭和初期にかけて支那そばが普及することはなかったろう。

来々軒以降、すぐさまカフェーが支那そばを導入し、食堂、百貨店がそれにならったのは、機械製麺に依る製麺業、およびその卸売業が成立していたからだ。もし、青竹の手打ち麺のままだったら、カフェーや百貨店は店ごとに広東から職人を呼び寄せなくてはならなかっただろう。

にっぽんラーメン物語には、昭和初期に製麺業で働いていた永野秀明の証言が載っている。彼は、甘味屋に支那そばを出すようセールスをかけたそうだ。その結果、昭和初期の東京には、汁粉と一緒に支那そばも出す「甘辛ホール」という業態が増えたという。

このことはつまり、昭和初期には異業種への営業や拡販が必要なほど、中華麺の製造能力が過剰になっていたことを意味する。

昭和5年の商店界11月号に「素人が出来るできる屋臺店」という記事があり、支那そば屋台の起業指南が書いてある。支那そばの麺は四合瓶1本が3、4円する高価な薬（注　おそらくかん水のこと）を使ううえに素人が作るとうまくいかないので、問屋から仕入れるとある。

昭和14年の「小資本開業案内」（商店界編輯部編）には中華料理店の開店指南が載っているが〝支那そばの玉、シューマイの皮はそれぞれ問屋があり、毎日外交が廻って来るので、その都度仕入れる〟とある。

池波正太郎によると、どんどん焼の屋台には〝支那そば用の干しそば〟があったという。昭和のはじめの東京においては、インスタントラーメンの先祖にあたる乾燥した中華麺まで売られていたのだ。


ソース焼きそばはなぜ東京で生まれ、戦前は東京以外には広まらなかったか。それは、来々軒が起こした大衆中華料理ブームによって、機械製麺による中華麺の製造業および卸売業が成立し、容易かつ安価に中華麺を入手できる環境が整っていたからである。そしてそのような条件が整っていたのが、東京のみだったからである。

ちなみに、来々軒では当初手で伸ばす拉麺を使用していたという説が岡田哲や新横浜ラーメン博物館により流されているが、これはもともと小菅桂子が、「ラウメン」という発音に対応する漢字は拉麺以外存在しないという間違った思い込みから立てた仮説である（にっぽんラーメン物語）。

　実際には横浜中華街では古くから「柳麺」という表記が使われており、広東語ではこれを、「rau3min6」(ラウミェン）と発音する。

　大正14年の食行脚東京の巻（奥田優曇華）でも「らうめん」を柳麺と表記している。昭和8年の大東京うまいもの食べ歩き（白木正光著）では丸ビル花月で柳めん（らうめん）が出されている。このように戦前の資料におけるラーメンの漢字表記は柳麺である。ラーメンの漢字表記が拉麺であるというのは、戦後根拠もなく広がった説にすぎない。

　先程述べたように、柳麺がどのような麺料理であったのかは定かではないが、少なくとも来々軒では当初手で伸ばす拉麺を使用していたという小菅桂子の仮説は誤りである。

　そもそも広東では拉麺のような手伸ばし麺は一般的ではない。三代目来々軒店主の証言からも、来々軒の「らうめん」が使用する麺は、青竹を使って押して伸ばす「竹升面」であったことは間違いないだろう。

16 「天もの」日本各地へ

明治時代末に東京のお好み焼き屋台で〝天もの〟が生まれると、大正時代から昭和初期にかけて全国へ広がっていった。ここでは各地域別に〝天もの〟がどう広がっていったかを概説する。

北海道・東北地方

現在、岩手県、山形県、宮城県の一部で食べられている〝どんどん焼〟は、東京の天ものが伝わったものである。ただ、いつ頃伝わったのか、戦前の東北地方のどんどん焼がどのようなものであったのかを示す資料は見つかっていない。

山形県出身の医療ジャーナリスト鈴木昶が、少年期の思い出として駄菓子屋に〝一銭洋食といわれたどんどん焼（お好み焼き）〟があったことを記録しているが（昭和っ子―セピア色の想い出　鈴木昶）、名前が一銭洋食なのかどんどん焼なのか定かではなく、内容もわからない。

東京のどんどん焼は、天ものや〝カツレツ〟を含む様々なメニューの総称であり、〝どんどん焼〟という特定の料理はなかった。なぜ東北地方では天ものをどんどん焼とよぶのか。

東北地方に〝ビフテキ〟や〝カツレツ〟などのお好み焼きの多彩なメニューのほとんどが伝わらず、売れ線の天もののみが伝わったため、天ものイコールどんどん焼と勘違いされたのであろう。

関東地方

作家の吉川英治が、子供の頃（明治30年代）神奈川県横浜で〝モンジヤキ〟を食べているが、その内容については不明である（忘れ残りの記　吉川英治）。第五章に書いたように、東京以外での明治期の文字焼の事例は非常に珍しい。

同じ神奈川では、昭和7年に茅ヶ崎でお好み焼きによる食中毒死事件が起きている（朝日新聞昭和7年4月28日朝刊）。それが店舗で販売されていたのか屋台なのか、どのようなお好み焼きだったのかは不明だ。

昭和になると千葉県銚子の駄菓子屋においても〝どんどん焼きやもんじ焼きのような食べる遊び〟があったが、その内容は不明だ（銚子市史続）。

大正から昭和初期の埼玉（川越）の商家で、家庭のおやつとしてどんどん焼が作られている（聞き書　埼玉の食事）。内容からすると天もののようだが、東北と同じく、どんどん焼といえば天ものしかないと勘違いされて伝わったのであろう。

東京でも女優の沢村貞子が家庭でどんどん焼を焼いているが（私の浅草　沢村貞子）、東京の屋台や店舗と同じく〝いかてん〟〝あんこまき〟と各メニューに個別の名前がついている。これがお好み焼き誕生の地東京での、本来の命名法だ。

この東京風の呼び方を踏襲している例は、東京以外の関東地方では群馬の〝もんじ焼き〟屋台の1例しかない。

〉まず、水で溶いたメリケン粉を薄く鉄板に流し、その上へネギてんならネギ、エビてんなら乾エビ、イカてんなら切りイカをパラパラと振りまく。片面が焼けたら金製のへらで器用に裏返しすにする。焼きあがったところでウスターソースをはけで塗り、新聞紙に乗せて、「はい、お待ちどう様」である（ふるさと歳時記　思い出十二カ月　増田甚平）。

北陸・中部地方

福井県福井市生まれの作家、津村節子が子供の頃〝一銭洋食〟という名の天ものを食べている（ふたり旅　津村節子）（駄菓子　津村節子　日本の名随筆54 菓所収）。

三重県では作家宮本徳蔵が一銭洋食を食べているが、その内容は不明である（たべもの快楽帖　宮本徳蔵）。後に京都の例において説明するが、一銭洋食という名がついていても必ずしもお好み焼きとは限らず、串かつの場合もあるので注意が必要だ。

昭和13年に発行された独立開業新商売確実成功法（服部金次郎）に、愛知県中島郡でお好み焼きと串かつで成功した店舗事例がとりあげられている。

〉發明と言つても從來の所謂お好み焼きに少し改良を加へたもので、丁度ベッコー焼と合の子にしたやうなものである（独立開業新商売確実成功法　服部金次郎）。

〉その方法が又至って奇妙な嶄新なもので、即ち、目下全國の兒童にもてはやされてゐる漫畫の主人公たるノラクロ、ミツキー、ハタノスケ等の顔を入れたベツコー焼の大きな型の中へお好み焼用のうどん粉を流し込み、その上へ細かく刻んだ葱や鰹の削粉とか青海苔などを振りかけ、又その上へうどん粉をかけて、型ごと裏返す。(著者注　この部分中略　筆でミッキーなどの似顔絵を書いた後に)裏にソースを塗って賣るのである(独立開業新商売確実成功法　服部金次郎)。

ノラクロやミツキーの顔の形をしたべっこう飴用の金属の枠型を鉄板の上にのせ、そこに飴ではなく小麦粉生地を流し入れたお好み焼きであるらしい。似たような事例としては、東京において牛天を亀の形に焼いたものがあった(幻景の東京下町　森義利)。

愛知県で実際に〝お好み焼き〟と呼ばれていたのか、東京発行の本であるがゆえに読者向けに〝お好み焼き〟と表記したのかは不明である。

近畿地方

大阪は文字焼、お好み焼き等の戦前の事例が多い都道府県である。しかしながら、お好み焼き発祥の地東京に比べるとその数は非常に少ない。

第五章で言及したとおり、江戸時代における文字焼の事例はすべて江戸におけるもので、大坂を含め他の地方では現在のところみつかっていない。明治期に入っても大阪における文字焼事例は2件のみ。

これに対し明治期の東京における文字焼(ボッタラ焼き)事例は40件以上。そして明治の末には文字焼の看板を書き換える形でお好み焼きが出現している。

東京における大正期のお好み焼き（どんどん焼）事例は29件。これに対し大阪の洋食焼・一銭洋食事例はわずか2件。大正期の可能性のあるもの（大正時代なのか昭和時代なのか不明の事例）を含めても7件しか存在しない。

大阪と比較すると、東京の事例の多さは文字通り桁が違うのである。

東京のお好み焼きは文字焼との連続性がある。亀の子や籠の鳥、おはちなどの文字焼時代のメニューが、お好み焼きにも引き継がれていた。

一方、大阪においては文字焼（籠焼き）とは似ても似つかない洋食焼・一銭洋食という屋台料理が、大正時代半ば以降突如現れる。明治末に東京で生まれた天ものというお好み焼きの一種が、洋食焼・一銭洋食と名前を変えて大阪に伝わったからだ。

なぜ牛天、えび天といった天ものが洋食焼や一銭洋食に名前を変えたかというと、当時天ぷらは東京ローカルの料理であり、特に西日本では天ぷらといえば魚肉のすり身の油揚げ、現在のさつまあげを意味していたからだ。

ただでさえ天ぷらに似ていないパロディ料理であるうえに、〝天ぷら〟が意味する食べものは東西で異なっていた。そのために、牛天、えび天などの天ものは一銭洋食、洋食焼などの名前に改名されたのである。

大阪における最古の洋食焼・一銭洋食の事例は、スポーツ用品会社ミズノ二代目社長水野健次郎の子供時代の屋台料理である（全人間への旅―私の履歴書　水野健次郎）。水野は大正2年生まれなので、大正半ば以降の時期と推定される。

水野より年上の、明治42年生まれの香村菊雄が平野町御霊神社や神農祭りの夜店において洋食焼があったと証言している（底本船場ものがたり　香村菊雄）。これが香村の子供時代の話ならば大阪最古の事例となるのだが、子供時代の話なのか大人になってからの話なのかが不明である。

水野や香村の事例においては、洋食焼・一銭洋食の具体的な内容は描かれていない。洋食焼の内容が具体的にに明らかにされ、それが東京の天ものと全く同じものであることがわかるのは、時代が下がって昭和８年の事例。今の天王寺区玉造元町の屋台で作家の大谷晃一が食べた例においてである。

〈いつ汲んできたのかしれないバケツの水で、小麦粉を溶いている。味はつけていない。それを鉄板に丸く薄く流す。干した桜エビ、ねぎ、かつお節、青のりをばらまく。その上に、溶いた小麦粉を少しかける。大きなコテで一気に何度もひっくり返す。子供たちは小さなコテでばんばんとたたく。薄くなる。でき上がると、はけでソースを塗る（続大阪学　大谷晃一）。

他の都道府県にはない大阪独自の特徴は、昭和10年以降に、東京のお好み焼き屋の店舗形式がそのまま輸入されたことだ。戦前に店舗形式のお好み焼き屋が存在した例としては他に神戸のにくてん屋、広島の一銭洋食屋があるが、いずれも東京の店舗形式とは異なる、独自の形式であった。

昭和３年大阪生まれの作家田辺聖子は女学生の頃（昭和15年以降）に、それまでの屋台の一銭洋食とは異なる、東京方式のお好み焼き屋がやってきたことを覚えている。

〉私が女学生のころは「お好み焼」という名称が東京からはやり、一軒の店になったりしていた。昭和十八年頃まであったが、お好み焼屋はたいてい不良の巣窟で、私たちは父兄同伴でないと店へ入ることを許されなかった（大阪のおかずほか二篇　田辺聖子　日本の名随筆12味所収）。

東京風に〃お好み焼き〃と名称を変えた店舗は、男女の逢引の場というビジネスモデルまで、東京をまねていた。

〉みな、つい立てや仕切りをした。大阪の食べ物屋はあまりしないのだが、これだけは別であった。小間に暖簾をかけ、個室もできた。男女がしんねこを決めこむ。これは飲食店ではなくて風俗営業だと、警察がうるさく取り締まりをすることになった（新大阪学　大谷晃一）。

東京からはお好み焼きという名前とともに、生地と具材を混ぜてから焼くという、店舗における天ものの焼き方が伝わった。以降、大阪では屋台の一銭洋食・洋食焼の名称および焼き方は衰退し、東京風の名称〃お好み焼き〃と、混ぜてから焼く方式が普及、現在まで継承されることとなる。

京都においては大正時代後半から一銭洋食が現れているが、その中身は串かつであってお好み焼きではない。

明治42年生まれの詩人、天野忠は12歳の時に、京極で一銭洋食を食べている。

〉しかし子供の私は天ぷらを知っていた。しかも洋食である。一銭洋食。第二京極（と今でもいうのか）の中程の、抜けられる狭い路次の両側に、一銭洋食の暖簾が掛かっていて立ち食いする人の腰から下がずらりと並んで見えた。糸のように細い肉を串にさして（名人芸）うどん粉の衣を厚くまぶして煮え沸る安っぽい天ぷら油にじゅんと放り込むのである。忽ちふくれ上がり黄色く揚がってぷくりと浮き上がるのを、正面のおやじが長い橋でつまみ、ピョイと金網の上に置く。手ぐすねひいたような周章てた手が延びて、その一番ふくれ上がったのを、（糸のような牛肉がすこしでも太そうに思われるのを）つまみ上げ、傍らの塵の浮いたソース丼にどぼりとつけて、それから口にほうばり、串の根元からしごくようにしてジワジワと出来たての「洋食」を味わうのである（京極の女神　天野忠　ふるさと文学館第30巻所収）。

天野の一銭洋食＝串かつはパン粉がついていないが、映画監督の山本嘉次郎が関東大震災後に京都で食べた一銭洋食は「カツ」と表現されているので、現在と同じくパン粉がついた串かつのことであろう。

〉やがて、一銭洋食を知るようになった。寺町六角あたりに、ひっそりと店を出している屋台店である（日本三大洋食考　山本嘉次郎）。

〉細い竹の串の先に、小指の先くらいのカツが差してある。ゴッテリと衣をつけて、揚げたのだから、中身はおそらく小豆粒くらいの肉であろう。これが一本一銭なのである（日本三大洋食考　山本嘉次郎）。

〉ノレンをくぐると、目の前の大鍋で、十本一たばにして、ジュッと揚げてくれる。揚げ立ての熱いのを、丼のソースにだぶりとひたし、十本一口に頬張ってしまう（日本三大洋食考　山本嘉次郎）。

明治41年京都生まれの医師、松田道雄は六角堂の夜店に一銭洋食があったといっているが、その内容については語っていない(花洛　松田道雄)。山本嘉次郎のいう寺町六角の屋台と同じであれば、これも串かつということとなる。

大正３年京都生まれの技術史学者中岡哲郎は、小学1年生の時に一銭洋食の屋台を見ているが、これも串かつである。

〉昔、もう五十年近く前の小学1年生の頃、壱銭洋食という屋台の前を毎日通る経験があった。一銭出すと串にさした小さなカツレツをくれる（メキシコと日本の間で―周辺の旅から　中岡哲郎）。

昭和初期　一移民の手紙による生活史―ブラジルのヨッチャン（中野卓、中野進編）において、昭和初期に新京極の一銭洋食屋台の描写が出てくるが、これも「串カツ屋」だ。

この本の中で、大正12年生まれの医師中野卓は六道さんの縁日で「ベタ焼き」（東京でいう「オコノミ焼き」）の屋台があったと表現している。これが現在のところ最古の、京都のお好み焼きの記録である。

では京都のお好み焼きはすべてベタ焼きといわれていたというと、事例が少ないため断定は難しい。祇園の造り酒屋の娘である秋山十三子の事例（京の女ごよみ　あんなあへえ　朝日新聞社京都支局編）ではお好み焼きの名称は一銭洋食であるし、また別の事例ではベタ焼きでも一銭洋食でもなく〝お好み焼〟という表現を使っている（新編　砂金掘り物語　脇とよ　金属の文化誌（日本民俗文化資料集成）　谷川健一編所収）。

本書における神戸のにくてんの事例は、「神戸とお好み焼き　比較都市論とまちづくりの視点から」（三宅正弘）における、郷土史家三船清の研究に負っている。三船によると、昭和10年頃の湊川新開地には5店舗のにくてん屋があったという。

神戸には昭和8年創業、現存する中では日本最古のお好み焼き屋水原が存在する。水原の店主によると、水原は神戸のにくてん街でもっとも新しい店だったらしい。

神戸の〝にくてん〟もまた、他の地方と同様に東京の天もののコピーである。しかしながら、にくてんという名前まで継承しているのは、兵庫の神戸と、家庭で焼かれていた明石のにくてんの例（聞き書　兵庫の食事）のみである（三宅によると、淡路島の由良にもにくてんが存在しているそうだ）。

東京の天ものは、子供向けの屋台・駄菓子屋商売として全国各地に広まっていったが、神戸の場合屋台の事例は見つかっていない。三宅は駄菓子屋においてにくてんが焼かれていたと述べているが、具体的な事例については記述がない。

神戸ではないが、兵庫県宝塚市では駄菓子屋で天ものが焼かれていた。漫画家の手塚治虫が〝駄菓子屋に行くと、一銭定食というものがあるのです〟と子供の頃を回想している（ぼくのマンガ人生　手塚治虫）。

手塚の食べた〝天もの〟は、一銭定食という名称も珍しいが、具が何も入っておらず、焼いた生地にソースを塗っただけというシンプルな点も珍しい。

手塚は「アドルフに告ぐ」においてこの一銭定食を登場させているが、登場する二人の家は大阪にあるので、本来ならば洋食焼あるいは一銭洋食と書くべきところであろう。

中国地方

広島には、大正10年頃の屋台での一銭洋食の証言が残っている(聞き書　広島の食事)。大正時代に具体的な作り方にまで踏み込んでいる証言は、東京をのぞけばこの広島の一件しかない。

同じ人の証言によると、昭和10年には屋台のほかに専門の店もできたという。

大正13年生まれの画家四国五郎は、「ひろしまの街」において家庭、屋台、駄菓子屋における一銭洋食を描いている。

四国五郎は家庭における〝お母さんが生み出したドンドン焼もんじゃ焼〟が〝一銭洋食の原型〟だと書いている。これは根拠のない、四国五郎の創作のように思える。

広島あるいは東京においても、どんどん焼や文字焼が家庭で生まれたという主張を裏付ける資料

アドルフに告ぐ　文春文庫版第3巻より

は存在しないし、そのような主張をする人も四国五郎以外には見受けられない。広島の一銭洋食は、東京の天ものが大正期に伝わったものであって、家庭から発生したものではない。

四国五郎は駄菓子屋における一銭洋食も絵にしている。店主と思われる老婆が一銭洋食を焼いて子供に売っているが、これは東京にはない習慣である。東京の駄菓子屋における文字焼は、店主ではなく子供自身が焼く。

大正14年生まれの作家田中小実昌も、子供の頃駄菓子屋のおばさんが一銭洋食を焼いていたと回想する。

〉駄菓子屋の店さきに鉄板があり、たいていオバさんが一銭洋食を焼く。まず、玉杓子でメリケン粉（小麦粉）をといたものをちょっぴり鉄板の上にたらし、玉杓子の底でそれをまるい円にする（ふらふら日記　田中小実昌）。

駄菓子屋で店主が焼いて売るスタイルは、広島独自の文化であるようだ。他の地域では、京都、大阪、兵庫にそれと思われる例がそれぞれ1つあるだけである（新編　砂金掘り物語　脇とよ　金属の文化誌（日本民俗文化資料集成）　谷川健一編所収）（ぼくのマンガ人生　手塚治虫）。

中国地方では広島の他に鳥取においても、一銭洋食・洋食焼の屋台が存在した（なるほど鳥取事始め　松尾茂　須崎博通）（聞き書　鳥取の食事）。内容は他の地方と同じく天ものである。他には山口県下関において一銭洋食を買って食べたとの体験談があるが、内容については不明である（中原中也の復活　藤原明夫）。

九州地方

大正9年生まれの富重恒夫によると、福岡の横洲には一銭洋食の屋台が出ていた。その内容は天ものである（でんでんがっちょ：思い出のふるさと　富重恒夫）。

大正13年鹿児島生まれの米沢藤良によると、鹿児島において一銭洋食の屋台が出ていた。この一銭洋食も天もの（ねぎ天）であった（東郷平八郎　米沢藤良）。また、その内容は不明だが、「鹿児島百年下　大正昭和編」（南日本新聞社）によると、昭和14年の六月灯という夏祭りにおいて、一銭洋食の屋台が出ていたという。

［コラム］お好み焼きの語源

お好み焼きの語源については、客が鉄板の上で、水溶き小麦粉を使って好きに絵を描いて遊ぶからお好み焼きと名前がついた、という俗説がある（例 dancyu １９９１年12月号）。

だが、そもそものお好み焼きの起源は、客が自分で焼くものではなく、屋台で職人が作る〝子供を相手の〝〟一品料理の眞似（まね）事〟である（明治大正史 第４巻 世相篇 柳田国男）。その屋台時代から既に、お好み焼きという名前がついていた。

すでに述べたとおり、お好み焼きは文字焼の屋台が看板を書き換える形で、明治時代末に現れた。もともとは屋台が先で、店舗で大人が自分で焼くようになったのはその後の話だ。現在のところ、大正時代の浅草の橘屋が、最も古いその事例となっている。

お好み焼きという名前は屋台に由来するものだ。客が鉄板の上で、水溶き小麦粉を使って好きに絵を描いて遊ぶからお好み焼きと名前がついた、という俗説は誤りである。

おそらくは、〝客のお好みに応じて、和洋中多彩な一品料理を焼いて作ります〟というのが、お好み焼きの語源ではないかと思う。

「［コラム］今は無きお好み焼きのメニュー「エチオピア」」において取り上げたとおり、戦前の東京には60種を超えるお好み焼きメニューが存在していた。大正７年の読売新聞に取り上げられたお好み焼き屋台のメニューには、31種類のお好み焼きがあった。

そんな多彩なメニューの中から、〝お好みで〟選べたわけである。

このように多くの種類のお好み焼きが存在したことは、今では忘れ去られてしまっている。客が〝お好みで〟多彩なメニューを選べるといっても、今の人にはピンとこないのであろう。なので、冒頭に上げたような誤った俗説が流れるのである。

お好み焼きとは別に、お楽しみ焼き、という言葉もあった。

昭和10年に東京府職業紹介所が発行した「小資経営職業相談」の中に、お好み焼きの屋台の起業指南が書かれている。いまでは考えられないが、東京府という自治体が、お好み焼きの屋台の初期投資、収支、運営方法などを調べて本という形で広報していたのだ。

>昔はよく駄菓子屋等で子供本位にやつてゐたものであるが今は多く屋臺を用ひ戸外で仕事をするのである。現在の「御好み焼」も子供本位であるが待合の多い様な所では寧ろ大人が好んで買つて居る。中には「御楽しみ焼」と言つて店を構へ客に勝手なものを造らせて居る所もある（小資経営職業相談　東京府職業紹介所編）。

東京府職業紹介所によると、屋台が〝お好み焼き〟、屋台の後から出てきた〝店を構へ客に勝手なものを造らせて居る〟業態は〝お楽しみ焼き〟と区別していたそうだ。

実際、「小資経営職業相談」と同じ昭和10年に開店した富士見町のふじやという店は、〝お座敷お楽しみ焼〟という暖簾と軒灯をかかげる、客が自分で焼く方式の店であった（雑誌商店界昭和10年12月号）。

〃お好み焼き〃は屋台につけられた名前である。後に生まれた、客が自分で焼く店舗形式の業態を区別するために、店舗向けには〃お楽しみ焼き〃という新しい名前が考え出されたわけだ。

［コラム］ボッタラ焼きとは

大正9年生まれの俳優芥川比呂志は、子供の頃のお好み焼きについて次のように語っている。

〈お好み焼のことを、家の老人たちは、べったら焼といっていた。古い下町の呼名であろうか。母は、これは、文字焼（もんじやき）というのがいちばん正しい呼名だと教えてくれた（母の作品　芥川比呂志　日本の名随筆42母　水上勉編所収）。

幼い頃に父芥川龍之介を亡くした母子家庭育ちの比呂志の家には、養祖母と大伯母が同居していた。〃家の老人たち〃とはこの二人を指す。

生年はわからないが、もっとも年上である養祖母と大伯母は「べったら焼」、明治33年生まれの母、芥川文が「文字焼」、大正9年生まれの比呂志が「お好み焼」と、世代ごとに呼び名が異なることがわかる。

べったら焼きはボッタラ焼き、ボッタ焼きともいう。この本ではボッタラ焼きに呼称を統一するが、ボッタラ焼きはおおよそは文字焼と同じモノと考えてよいかと思う。

新聞記事におけるボッタラ焼きの出現を見ると、明治20年以前の記事が4件存在しているが、明治20年以降は大正15年の記事が一つあるだけだ。

新聞記事以外のボッタラ焼きの使用例を見ても、明治初期に生まれた人が使う場合が多い。以下に、ボッタラ焼き、ベッタラ焼き、ボッタ焼という言葉を使う人の生年を並べてみる。

・村井弦斎　文久3年
・松原岩五郎　慶応2年
・三田村鳶魚　明治3年
・山本笑月　明治6年
・泉鏡花　明治6年
・永井荷風　明治12年
・藤浦富太郎　明治18年
・中里介山　明治18年
・大辻司郎　明治29年
・濱中藤一郎　明治35年
・杉山芳之助　大正10年
・野村敏雄　昭和元年

明治18年生まれの藤浦富太郎によると、縁日の店に文字焼とボッタラ焼きがあったという。彼が子供の頃、呼称がボッタラ焼きから文字焼に変わったので、両者が併存していたのだろうか？

だが、文字焼は江戸時代から存在する一方、ボッタラ焼きという言葉の出現は明治時代以降である。一概に、文字焼よりボッタラ焼きのほうが古いとは言えないのだ。

また、地域によっては大正時代以降もボッタラ焼きの名称がそのまま継承されているケースがある。

昭和元年生まれの野村敏雄の場合、内容はお好み焼きだが名称はボッタ焼になっている。これは新宿の屋台での話である。

「都市民俗学4賑わいの文化論」（望月照彦）によると北千住方面ではかつて文字焼のことを「ボッタ」と称したという。現在でも千住あたりでは、月島でいうところのもんじゃ焼きをボッタ焼きというようだ。

大正2年発行の「記者探訪裏面の東京」（知久桟雲峡雨）によると水天宮の屋台に饂飩粉焼（ぼったらやき）がある。水天宮周辺の地域でも文字焼をボッタラ焼きとよんでいたのかもしれない。

「大ぼったら」（刈部山本）によると、埼玉県川口市、茨城県古川市、千葉県浦安市においても「ぼったら焼き」の名で、東京でいう駄菓子屋の文字焼と同じものが提供されているという。

川口や浦安のボッタラ焼きは、現在の月島のもんじゃと比較し生地における水の量が少なく、土手を作らなくとも円形に形がまとまるそうだ。

「大洗ぶんかざい通信」第9号によると、茨城県大洗市の駄菓子屋では、東京の駄菓子屋文字焼と同じものが「たらし」という名で売られているという。明治時代に存在したかは不明だが、大正時代までは遡ることができるという。

文字焼とは異なる食の体系だが、小麦粉生地を炮烙や鉄なべで焼いて食べる習慣は江戸時代から山間部を中心に全国に存在し、関東ではこれを「たらし焼き」と呼び習わすことが多い。しかし、大洗の場合名前はたらしでも、内容は東京の駄菓子屋文字焼と同じものとなっている。

以上、例外があるとはいえ、一般的にはボッタラ焼きは次のようなものであったといえる。

・戦前のボッタラ焼きは文字焼と同じもの。
・明治20年までの新聞記事に出現することが多く、明治20年以前に生まれた人が使う場合が多い。
・千住などの地域では、現代でもお好み焼きあるいはもんじゃ焼きのことをボッタラ焼きという

［コラム］忘れ去られたお好み焼き

寄せ鍋

高見順の小説、「如何なる星の下に」には、浅草の老舗お好み焼き屋染太郎をモデルにした〃惚太郎〃という店が登場し、お好み焼きのメニュー一覧が記述されている。

＞ちょっと人前に出せないおかしな手帳をこっそり取り出し、かねてこのお好み焼屋を舞台にして小説を書くような場合には何か参考になるかもしれないという考えから書きしるして置こうとおもっていた、お好み焼の品目を写しはじめた。ここにそれを、その手帳からさらに写し取って読者に紹介しよう（如何なる星の下に　高見順）。

＞やきそば。いかてん。えびてん。あんこてん。もちてん。あんこ巻。もやし。あんず巻。よせなべ。牛てん。キャベツボール。シュウマイ。（以上いずれも、下に「五仙」と値段が入っている。それからは値段が上る）。テキ、二十仙。おかやき、十五仙。三原やき、十五仙。やきめし、十仙。カツ、十五仙。オムレツ、十五仙。新橋やき、十五仙。五もくやき、十仙。玉子やき、時価（如何なる星の下に　高見順）。

これはすなわち開店当時、昭和12年頃の染太郎のメニューでもある。ご覧の通り、〝お好み焼き〟というメニューは存在しない（現在の染太郎にも存在しない）。

80年前のメニューと現在のメニューを比較すると、失われ、忘れ去られたお好み焼きも多い。

今は存在しないお好み焼きメニューの一つに、よせなべ（寄せ鍋）がある。惣太郎、つまり開店当時の染太郎に存在したメニューだが、現在の染太郎には存在しない。昭和20～30年頃のメニュー（染太郎の世界という本の目次にその写真がある）にもないので、戦後になって消えてしまったメニューのようだ。

この寄せ鍋については、明治40年生まれの松本君（まつも と きみ）が子供の頃に食べた記憶が聞き書きとして残っている。

〉そんでねえ、「寄せ鍋ちょうだいよ」っていうでしょう。そうすると、鉄板にまるいのをこしらえて、一つ、で、へりっこをずっと長くしてちょっちょっとしてね、焼いて、それをまるくして、お鍋のようなものをこしらえて、で、それに豆

寄せ鍋の作り方

餅をチョンチョンとはさみで切ってね。そんでうどんこをまるくして、それでくるっとまるめてチョンチョン切って、寄せ鍋の中に入れるの。そんでおネギだのお肉だの、ひき肉ね。あんなのをあっためて、それを入れてくれてね。で、あんこも焼いてね。うどんこでまるめてさ。で、はさみで切って、その上にみつをチョロチョロとかけて五銭。だから高いのよ。寄せ鍋はちょっとお金をもらわないと買えなかった（古老がつづる下谷・浅草の明治大正昭和1）。

水で溶いた小麦粉を焼いて立体物の鍋を作り、そこに具材を入れて黒蜜（黒砂糖を水に溶かして煮たもの）をかける。池波正太郎のおしることほとんど同じだが、加熱したネギと挽肉が入っているあたりが異なる。

しかし、ネギや肉に黒蜜をかけたこの寄せ鍋、はたしておいしかったのだろうか？

オムレツ

寄せ鍋と同じように、今は失われてしまったお好み焼きのメニューを2つ取り上げてみよう。まずは、オムレツである。

オムレツについては、池波正太郎が二種類の作り方を記録に残している。

〉ベースのメリケン粉へ、さらに鶏卵を落して焼きあげ、長方形にたたんでソースをかける（食卓の情景　完本池波正太郎大成29所収）。

梅田阪神百貨店地下のデラバンの、イカが入っていないバージョンという感じだ。本物のオムレツとは微妙に似ていないあたりが、やはりお好み焼きのお好み焼きたるゆえんである。

おそらくこれは普通のどんどん焼屋のオムレツレシピ。もう一つのレシピは、これよりも多少凝った作り方になっている。


〉卵と小麦粉を溶きまぜて鉄板の上へながし、ボイルした牛の挽肉を置き、折りたたむように焼きあげた一品だ（対談／味覚極楽　完本池波正太郎大成別巻所収）。


こちらは、曾祖母が好きだったというどんどん焼のオムレツで、東郷元帥似の親父が作っていたという。

このオムレツというメニュー、収集した資料の中では池波正太郎の証言が初出、つまり最古の例である。池波正太郎は大正12年生まれだから、昭和一桁も後半のころの話だろうか。お好み焼きのメニューの中では、オムレツは後発組なのである。

その後もいくつか例が出てくるが、例えば浅草染太郎をモデルにした小説「如何なる星の下に」でいうと、ポピュラーなイ

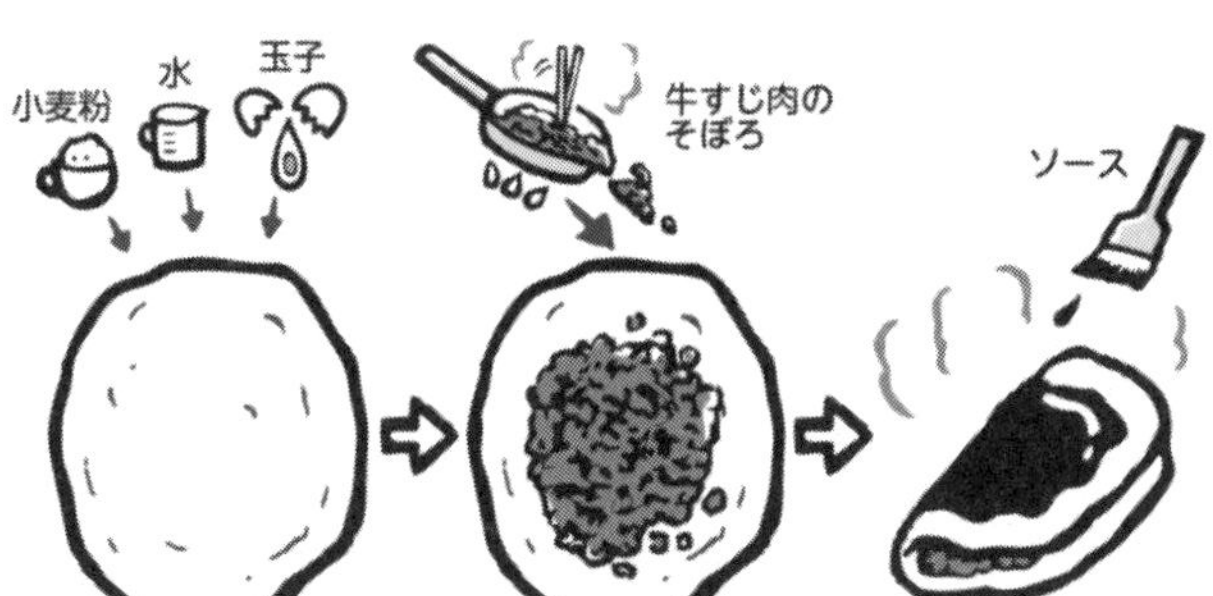

オムレツの作り方

カてんが5銭のところオムレツは15銭、イカてんの3倍とその値段は高い。他の店でも同様に、オムレツは高額なメニューとなっている。

オムレツではないが、池波以前に玉子を使ったメニューが一つだけある。冒頭にあげた読売新聞大正7年の記事の屋台の玉子焼がそれで、こちらはエビ天プラ1銭に対し5倍の5銭と、さらに割高感がある。

現在は物価の優等生といわれる鶏卵だが、戦前は値段が高かった。

物価の文化史事典(森永卓郎監修)によると、大正11年の国産の鶏卵の値段は375グラムで49銭3厘。Mサイズの鶏卵が1個約7銭となる。今でいうと1個100円ぐらいの感覚であろうか。

これが昭和に入ると値段が下がりはじめ、昭和6年から10年は1個約3銭と大正時代の半分以下になる。

池波正太郎少年の一日2銭の小遣いよりは高いが、どんどん焼屋台や大人向けのお好み焼き屋のメニューにオムレツが顔を出すぐらいには、値段が下がってきたのである。

この値段はあくまで国産の鶏卵である。実は、国産の鶏卵が割高な中、中国からの輸入卵(支那卵)が明治期より輸入されるようになっていた。今では信じられないが、国産の鶏卵よりも、外国から輸入した鶏卵のほうが安かったのだ。

畜産経済の流通構造(吉田忠)によると、大正10年から12年が輸入卵のピークで、鶏卵消費の3分の1を外国産が占め、特に東京大阪の鶏卵は中国産がほとんどだったそうだ。

政府は鶏卵の輸入防止と農家振興のため、昭和2年から養鶏国策10年計画を実行し、鶏卵の国産化を奨励するようになる。その後満州事変などにより中国からの輸入卵が途絶えたため、国産の鶏卵生産は急増する。その結果、国産鶏卵は半額以下に値が下がったのだ。

国産の鶏卵の値段は昭和10年から再度上昇を開始していく。お好み焼き屋にとって、次第に鶏卵は高嶺の花になっていったことだろう。

だが、玉子どころかお好み焼き屋の事例自体が、昭和15年以降ほぼ消えてしまうのである。戦争の影響で食料が政府の管理下に置かれるようになり、お好み焼きを含めた外食産業の全てが、次第に衰退していったからである。

シュウマイ

最後に取り上げるのが、シュウマイである。

シュウマイは、現存する中華料理パロディのお好み焼きとしては最古のものである。読売新聞大正7年3月24日の記事に〝シウマイ一銭〟が登場するので、１００年以上の歴史を持っていることになる。

そういう意味では、同じく中華料理パロディの焼きそばの先輩にあたるといえる。

高見順の小説「如何なる星の下に」の惚太郎のメニューにも〝シュウマイ〟の文字がある。すなわち、浅草染太郎においても開店当初からある伝統的メニューなのだ。

昭和58年発行の「染太郎の世界」に図解されているシュウマイの作り方は以下のようなものだ。

①断面が2センチ四方、長さ5センチの角柱状に切った餅4本を、ラードをひいた鉄板に井桁状に

並べ、四角の枠を作る。
②枠の中に水溶き小麦粉を半分ほど流し込む。
③挽肉大さじ一つぐらいを生地の中央に乗せ、周りに玉ねぎのみじん切りを並べる。好みでにんにくを入れる。
④もう一度水溶き小麦粉を流し込んでフタをする。
⑤ひっくりかえして両面を焼く。
⑥適当に切って酢醤油かカラシ醤油で食べる。

餅をシュウマイの皮に見立てたパロディ料理だ。浅草染太郎で実際に食べてみると、たしかにシュウマイっぽい味がする。人は、豚肉と玉ねぎと小麦粉に醤油をつけて食べると、それをシュウマイと認識するようなのだ。

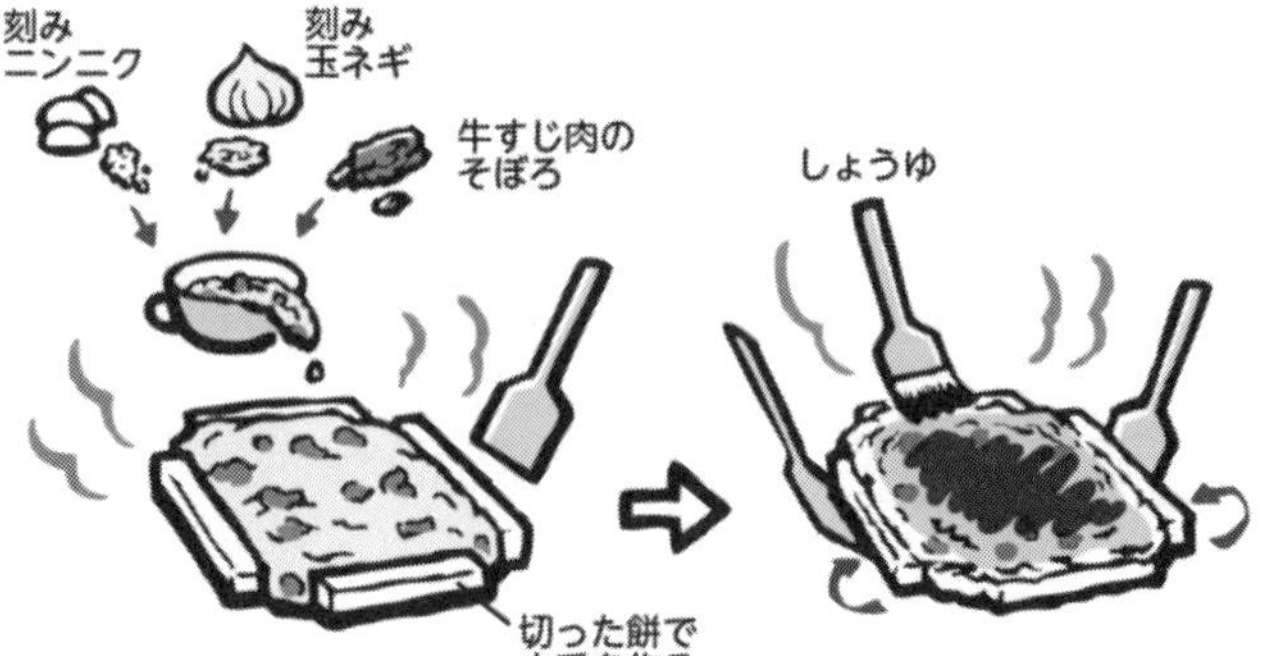

シュウマイの作り方

エピローグ　第三次お好み焼き屋ブーム

コメディアンの古川ロッパは、その息子をして〝食べるということには、異様とも思える程情熱的だった〟と言わしめるほど、食に対する執着心が強い男であった。

ロッパがコメディアンとして大成する前、まだ文藝春秋の社員だった大正時代の終わり頃、上司でもある作家菊池寛に、一流レストラン「エーワン」で西洋料理をおごってもらったことがある。

〈ああ何と美味というもの、ここに尽きるのではないか！

〉僕は、ああいう美味いものを毎日、思うさま食えるような身分になりたい。それには、何うしても千円の月収が無ければ駄目だぞ、よし！　と発憤したものである（食べたり君よ　古川緑波）。

それから十数年たち、コメディアン／役者として売れっ子になったロッパは、ようやく千円の月収を手に入れるようになった。

〈が、何ということであろう。戦争が始まり、食いものは、どんどん無くなり、エーワンも何も、定食は五円以下のマル公となり、巷には、鯨のステーキ、海豚のフライのにおいが、漂うに至った（食べたり君よ　古川緑波）。

〉文藝春秋社に、先生（著者注　菊池寛）を訪れて、
〉「僕あ、ああいう美味いものを毎日食いたいと思って、努力を続け、漸く、それ位のことが出来るような身分になりました。ところが、何うでしょう先生、食うものが世の中から消えてしまいました」
〉と言ったら、先生は、ワハハハハと、まるで息が切れそうに、何時迄も笑って居られた。（食べたり君よ　古川緑波）

ロッパの人生をなぞるように、お好み焼きの歴史もまた、栄光の時期が訪れたと思ったその直後に、戦争の闇に飲み込まれてしまった。

ロッパが物心ついた頃、明治40年代の東京の屋台で子供向けのパロディ洋食として産声をあげたお好み焼きは、天ものの発明とともに一気に人気が爆発。ロッパが文藝春秋に入社する大正時代には大人向けの店舗が東京にでき、また、全国に天ものの屋台が展開するに至った。

昭和10年以降の第二次ブームでは〝桃色遊戯〟とともにお好み焼き店舗が大阪に上陸。日本第二の都市をも席捲し、昭和15年には人気コメディアンとして大成したロッパが〝この頃盛になったものに、お好み焼が、あります。大阪が一番盛なようです〟（ロッパ食談完全版）と感心するまでになった。

だが、東京ローカルの子供の駄菓子から「国民食」へと出世しようとしたまさにその時期に、戦争の泥沼とそれに伴う食料統制によって、お好み焼きは他の食文化と同様、衰退を余儀なくされていったのである。

>戦争に負けてから、もう十年になる（ああ東京は食い倒れ　古川緑波　ロッパの悲食記所収）。

終戦後10年たった昭和30年。ロッパは「ああ東京は食い倒れ」を発表、食い倒れ都市東京の復活を謳歌した。

>先ず、戦後はじめて、東京に出来た店に、ギョーザ屋がある（ああ東京は食い倒れ　古川緑波　ロッパの悲食記所収）。

戦前の大衆的支那料理といえば支那そばにシューマイにワンタンだったが、敗戦後「中華料理」に名前が変わるとシューマイとワンタンは復活をはたせず、かわりにギョーザが大衆中華を代表するメニューとなった。

>餃子屋につづくものは、お好み焼。

>これとても、戦前からあったものに違いないが、その数は、戦前の何倍に及んでいるか。兎に角、やたらに、お好み焼屋は殖えた（ああ東京は食い倒れ　古川緑波　ロッパの悲食記所収）。

お好み焼きも戦後の東京に復活した。復活しただけではなく、戦前にもまして盛んになった。第三次お好み焼き屋ブームが起きたのである。

〉お好み焼屋のメニュウは、まことに子供っぽく、幼稚だ。そして、お好み焼そのものも、いい大人の食うものとは思えない。が、これが結構流行るのは、お値段の安直なことによる（ああ東京は食い倒れ　古川緑波　ロッパの悲食記所収）。

ロッパによると、戦後お好み焼きがブームになったのは、値段が安かったことに理由があるという。

食物史研究家の大塚力によると、戦後のお好み焼き屋ブームが始まったのは、朝鮮戦争勃発の翌年、昭和26年であった。

〉前年の一九五〇年に始まった朝鮮動乱ブームで町は活気づいたせいもあったろう。夏がビールならば、冬はお好み焼が流行ってきた（流行衣・食・住　青木英夫　大塚力）。

明治36年生まれのロッパは正式用語である「お好み焼」という言葉を使うが、昭和元年生まれの大塚にとっては子ども言葉の「どんどん焼」のほうがなじみが深い。

〉かつて子供たちが夜店で口いっぱいほおばる「どんどん焼」をつきだしにして酒を飲むというわけである。イカてん、エビてん、牛てん、おかやき、みはらやき等、名の通ったものだけでも二十種を越えるが、要するに熱く焼いた厚い鉄板で仕上げるものなら何でもよろしい。値段は三十円、五十円それに時価次第とある（流行衣・食・住　青木英夫　大塚力）。

〝イカてん、エビてん、牛てん〟といった天ものだけでなく、昭和はじめの三原山での連続心中事件を題材にした三原焼も復活した。高見順が小説「胸より胸に」で戦後のお好み焼き屋と三原焼を描いたのも、朝鮮戦争最中の昭和25年から26年にかけてである。

大塚のいう〝おかやき〟とは、「如何なる星の下に」にもでてくる、浅草染太郎創業時から存在したメニューである。オムレツとソース焼きそばを合体させたメニューだが、オムレツで焼きそばを包むオムソバではなく、焼きそばを刻んで玉子と混ぜてさらに焼くという、焼きそばをまぜたオムレツのことである。

こうして、戦前と同じく、多彩なメニューが特徴のお好み焼きが復活したのである。

そんなお好み焼きの1メニューとして生まれ、昭和10年頃には専門の屋台ができるほど流行したソース焼きそばも、戦後の浅草に復活した。

「香具師の生活」（添田知道）によると、終戦直後の浅草で流行したのは魚介類の鉄板焼であった。これがやがて、鉄板を流用する形でソース焼きそばの屋台に転業してゆく。戦後直後の浅草の屋台グルメの代表といえば、このソース焼きそばであった。

戦前は東京にしかなかったソース焼きそばは、戦後各地に展開するようになる。その背景にあったのは、支那そば＝ラーメンの全国的なブームであった。

戦前の東京には大規模な中華麺製造業が存在した。昭和初期には数千の蕎麦屋、中華料理店等で支那そばが提供されており、また、東京名物である蕎麦の製麺機を中華麺製造にそのまま流用できたため、急速に中華麺製造業が立ち上がったのである。

戦前、東京以外の地方にソース焼きそばが広がらなかったのは、その地での中華麺製造業が存在しなかった、あるいは小規模だったからである。戦後の全国的なラーメンブームを経て、各地で中華麺製麺業が立ち上がった後に、ソース焼きそばも全国に普及するようになったのである。

本書をお読みになった読者は、現在の一般的なお好み焼きの知識と、戦前の実際のお好み焼きの姿が、まったく違うことに驚かれたことだろう。

しかしそれは、戦争によってお好み焼きの記憶が失われたからではない。

なぜなら、今から50年ほど前、戦後の東京には、戦前の姿そのままのお好み焼きの姿が蘇っていたからだ。お好み焼きが消滅した戦時中も、人々の記憶は失われることなく、終戦により平和な時が蘇ると、お好み焼きも戦前の姿のまま蘇ったのだ。

50年前の東京には、明治の東京を知る人々が、お好み焼きがいかにして文字焼から生まれたかを知る証人たちが、まだ多く生きていた。

戦前のお好み焼きの知識は、戦争によって失われたわけではない。それを語り継ごうという人が誰もいなかったから、失われただけなのだ。

そしてそれは、お好み焼きに限った話でない。明治時代生まれの食文化の多くが、お好み焼きと同様に、ここ50年の間に生じた不可解な記憶喪失の対象となってしまっているのだ。

東京というのは、不思議な街だ。

お好み焼きの歴史は、江戸時代の文化文政期からはじまる。子供相手の大道芸的屋台商売、文字焼にそのルーツがある。

明治時代末に文字焼がお好み焼きに変わると、大正時代には大人が店舗でお好み焼きを焼きはじめた。このお好み焼き店舗は昭和10年代に大阪に輸入され、現在では全国に広がっている。子供向けのお好み焼き屋台も神戸や広島などに伝播し、それぞれの土地で大人向けのお好み焼き店舗となった。

子供相手の屋台商売がやがて、大人相手の商売となり、さらには全国に広がる。似たような現象が、他の屋台の食物においても度々おこる不思議な街が、東京という街だ。

例えば、焼鳥。これは明治時代半ばの東京の路上で、下層労働者向けのスナックとして生まれた。それが今や、全国の居酒屋やスーパーに並び、大人から子供まで親しまれる、代表的な日本食となっている。

串かつや牛丼も焼鳥と同様に、東京から全国区に羽ばたいていった屋台グルメだ。

この路上グルメ養成機関という役目は、他の都市ではあまり見られない東京の特徴だ。他の都市で同様の例を探しても、全国区で成功しているのは関西の屋台発祥のたこ焼きぐらいしかないのではなかろうか。

そしてそれは、江戸から続く伝統でもある。握り鮨や天ぷらが、江戸の路上の屋台から生まれたことはよく知られた史実だ。

過去1年間ほど東京の下町の図書館を巡ることで、お好み焼きの資料だけでなく、他の路上グルメの資料もテキストデータベースに蓄積されてきた。

今後はこのテキストデータベースを武器に、路上グルメを次々と発展させてきた不思議な街、東京の秘密にも迫っていきたいと思う。

【タ】

【ナ】

【ハ】

【サ】

索引

【ア】

【カ】

参考文献

「粉もん」庶民の食文化　熊谷真菜 著　朝日新聞社　２００７
「文藝春秋」にみる昭和史　第二巻　文藝春秋　１９８８
Coffee; from plantation to cup　Francis Beatty Thurber 著　AMERICAN GROCER PUBLISHING ASSOSIATION　１８８１
dancyu　１９９１年12月号　プレジデント社　１９９１
dancyu　１９９７年５月号　プレジデント社　１９９７
dancyu　２０１５年２月号　プレジデント社　２０１５
HISTORY OF WORCESTERSHIRE SAUCE(1837-2012)　William Shurtleff 著　Akiko Aoyagi 著　Soyinfo Center　２０１２
Oconomission：世界はお好み焼を待っている！　オタフクソース　２００２
Oconomission 2010　オタフクソース　２０１０
Pure Ketchup A History of America's National Condiment with Recipes　Andrew F. Smith 著　University of South Carolina Press　１９９６
The Road from Aston Cross　Louise Wright 著　SMEDLEY HP. FOODS LTD　１９７５
The Secret Sauce - A History of Lea & Perrins　Brian Keogh 著　Leaper Books　１９９７
Things Japanese 3rd edition　Basil Hall Chamberlain 著　KERRY & WALSH Limited　１８９８
アジアのなかの日本史　６　文化と技術　荒野泰典ほか 編　東京大学出版会　１９９３
アドルフに告ぐ　文春文庫版第３巻　手塚治虫 著　文藝春秋　２００９
アニメーション日中交流記　持永只仁 著　東方書店　２００６
あんけら荘夜話　桂文枝 著　青蛙房　１９９６
お好み焼き　浜内千波 著　グラフ社　１９８２
かんだ三号初春号　かんだ会　１９６３
キッコーマン醤油史　キッコーマン醤油　１９６８
コレクション・モダン都市文化 第13巻　和田博文 監修　ゆまに書房　２００５
サライ　１９９８年２月号　小学館　１９９８
すみだ区民が語る昭和生活史　上、下　墨田区企画経営室広報広聴担当企画 編　墨田区　１９９１

そば屋の旦那衆むかし語り　改訂版　藤村和夫 編著　ハート出版　２０００
そやけど大阪　黒田清 著　東方出版　１９９４
たこやき　熊谷真菜 著　リブロポート　１９９３
たべもの快楽帖　宮本徳蔵 著　文藝春秋　２００６
たべもの歳時記　池田彌三郎 著　河出書房新社　１９８９
たべもの世相史・東京　玉川一郎 著　毎日新聞社　１９７６
たべもの文化誌　小柳輝一 著　新人物往来社　１９７７
でんでんがっちょ　思い出のふるさと　富重恒夫 著　富重恒夫　１９８２
なにわ華がたり：中川絹子　桂米朝と一門をささえた半生記　廓正子 著　淡交社　２００４
なるほど鳥取事始め　松尾茂 著　須崎博通 著　国書刊行会　１９８５
にっぽんラーメン物語　小菅桂子 著　駸々堂出版　１９８７
にっぽん洋食物語　小菅桂子 著　新潮社　１９８３
ひろしまの街　四國五郎 著　四國五郎画集刊行委員会　１９９９
ふたり旅　津村節子 著　岩波書店　２００８
ふらふら日記　田中小実昌 著　毎日新聞社　１９８７
ふるさと歳時記　思い出十二カ月　増田甚平 著　崙書房出版　１９８９
ふるさと日本の味 8　大阪・神戸味どころ　大阪・神戸・南紀　集英社　１９８３
ふるさと文学館　第30巻　木原直彦 他 編　ぎょうせい　１９９５
ぼくのマンガ人生　手塚治虫 著　岩波書店　１９９７
ぼくの東京案内　植草甚一 著　晶文社　１９７７
むかしの味　池波正太郎 著　新潮社　２００８
メキシコと日本の間で　周辺の旅から　中岡哲郎 著　岩波書店　１９８６
もんじゃの社会史　武田尚子 著　青弓社　２００９
ラーメンの誕生　岡田哲 著　筑摩書房　２００２
ル・パスタン　池波正太郎 著　文芸春秋　１９８９
ロッパの悲食記　古川緑波 著　筑摩書房　１９９５

参考文献

ロッパ食談完全版　古川緑波 著　河出書房新社　２０１４
わたくしの東京地図　高橋義孝 著　文芸春秋新社　１９６４
飲み食いのこと　高橋義孝 著　ゆまにて　１９７６
飲食事典　本山荻舟 著　平凡社　１９５８
永井龍男全集　第８巻　永井龍男 著　講談社　１９８１
燕石十種　第１　岩本佐七 編　国書刊行会　１９０７
横山源之助全集　第９巻　横山源之助 著　立花雄一 編　法政大学出版局　２００６
横浜繁昌記　横浜新報社著作部 編　横浜新報社　１９０３
恩賜財団済生会の救療其３　済生会 編　済生会　１９２８
下夕町風物誌　宮尾しげを 著　かのう書房　１９８４
下町で遊んだ頃　加多こうじ 著　教育研究社　１９７９
下町の民俗学　加多こうじ 著　PHP研究所　１９８０
下町の紋様　遊佐喜美男 著　下町タイムス社　１９８２
下町今昔　秋山安三郎 著　永田書房　１９７６
夏目漱石全集２　夏目漱石 著　筑摩書房　１９８７
家庭実益食養大全　岡崎内蔵松 編　読売新聞社　１９０６
家庭燃料の電化　井上亀之助 著　井上亀之助　１９２２
家庭料理の拵へ方　秋穂益実 著　アルス　１９１７
家庭料理法　赤堀峰吉 著　赤堀菊子 著　赤堀吉松 著　杉本翰香堂　１９０５
家庭和洋料理法　奥村繁次郎 著　大学館　１９０５
花街　異空間の都市史　加藤政洋 著　朝日新聞社　２００５
花洛　松田道雄 著　岩波書店　１９７５
花暦八笑人　第二編　滝亭鯉丈 著　１８２１
荷風全集 第11巻　永井荷風 著　岩波書店　１９７１
荷風全集 第17巻　永井荷風 著　岩波書店　１９６４
菓子の文化誌　赤井達郎 著　河原書店　２００５

海軍五等主厨厨業教科書　海軍教育本部 編　帝国海軍社出版部　1918
海軍肉じゃが物語　高森直史 著　光人社　2016
開店休業　吉本隆明 著　ハルノ宵子 著　プレジデント社　2013
街の姿　晴風翁物売物貰図譜　江戸篇　太平書屋 編　太平書屋　1983
割烹受業日誌　第1輯　高知県尋常中学校女子部 編　田所富世等　1893
完本池波正太郎大成　第29巻　池波正太郎 著　講談社　1999
完本池波正太郎大成　別巻　池波正太郎 著　講談社　2001
丸善百年史　丸善　1980
嬉遊笑覧　上下　喜多村信節 著　成光館出版部　1932
記者探訪裏面の東京　戦慄す可き暗黒面の暴露　知久桟雲峡雨 著　山形屋書店他　1913
吉村昭自選作品集　別巻　吉村昭 著　新潮社　1992
久保田万太郎全集　10巻　久保田万太郎 著　中央公論社　1967
旧聞日本橋　長谷川時雨 著　岩波書店　1983
居酒屋の誕生　飯野亮一 著　筑摩書房　2014
蕎麦通　天麩羅通　村瀬忠太郎 著　野村雄次郎 著　広済堂出版　2011
郷土史東京第3巻6号　新公論社　1958
鏡花全集　巻23　泉鏡花 著　岩波書店　1975
鏡花全集　第10巻　泉鏡花 著　春陽堂　1926
鏡花全集　第8巻　泉鏡花 著　春陽堂　1925
近世「食い倒れ」考　渡辺忠司 著　東方出版　2003
近世職人尽絵詞　江戸の職人と風俗を読み解く　大高洋司編　小島道裕編　大久保純一編　勉誠出版　2017
近世日本食物史　笹川臨風 著　足立勇 著　雄山閣　1935
近代庶民生活誌17　見世物・縁日　南博 編　三一書房　1994
近代庶民生活誌18　下町　南博 編　三一書房　1998
近代民衆の記録4　流民　新人物往来社　1971
近代料理書の世界　江原絢子 著　東四柳祥子 著　ドメス出版　2008

参考文献

近代都市下層社会：売笑婦、寄子、被差別部落、水上生活者　草間八十雄 著　磯村英一 著　安岡憲彦 著　明石書店　1990
銀座　高見順 編　英宝社　1956
銀座には川と橋があった　長谷川桂 著　芸立出版　1984
銀座の詩情　第1　平野威馬雄 著　白川書院　1966
銀座育ち　小泉孝 著　小泉和子 著　朝日新聞社　1996
銀座細見　安藤更生 著　中央公論社　1977
銀座百話　篠田鉱造 著　河出書房新社　2016
軍隊料理法　川流堂　1910
経済時報大正2年11月号　経済時報社　1913
月刊地域づくり2001年3月号　地域活性化センター　2001
月島調査　内務省衛生局 編　関谷耕一 解説　光生館　1970
幻景の東京下町　森義利 画　沼田陽一 聞き書き　日本放送出版協会　1989
現代紀行文学全集　第4巻　西日本篇　修道社　1958
古老がつづる下谷・浅草の明治、大正、昭和　1―8　台東区立下町風俗資料館　1981
五円までゞ出来る営業開始案内　社会救済会本部 編　営業紹介社　1914
御馳走帖　内田百間 著　中央公論社　1979
好食つれづれ草　獅子文六 著　角川書店　1969
巷談渋谷道玄坂　藤田佳世 著　青蛙房　1984
広島お好み焼き物語　那須正幹 著　PHP研究所　2004
江戸と東京風俗野史　伊藤晴雨 著　国書刊行会　2001
江戸の庶民が拓いた食文化　渡辺信一郎 著　三樹書房　1996
江戸の夕栄　鹿島万兵衛 著　紅葉堂書房　1922
江戸切絵図散歩　池波正太郎 著　新潮社　1989
江戸東京職業図典　槌田満文 編　東京堂出版　2003
江東ふるさと文庫2　古老が語る江東区の祭りと縁日　江東区 編　江東区総務部広報　1987

江東ふるさと文庫4　古老が語る江東区の町並みと人々の暮らし　上　江東区　編　江東区総務部広報　1987
江東ふるさと文庫5　古老が語る江東区の町並みと人々の暮らし　下　江東区　編　江東区総務部広報　1987
江東ふるさと文庫6　古老が語る江東区のよもやま話　江東区　編　江東区総務部広報　1987
紅葉全集　第2巻　尾崎紅葉　著　博文館　1911
香具師の生活　添田知道　著　雄山閣　1964
高見順全集第1巻　高見順　著　勁草書房　1970
最暗黒の東京　松原岩五郎　著　民友社　1893
最新和洋料理　簗山順子　著　長崎次郎　1904
最新和洋料理法　割烹研究会　編　中川明善堂　1908
坂口安吾全集3　坂口安吾　著　筑摩書房　1999
坂口安吾全集4　坂口安吾　著　筑摩書房　1998
三田村鳶魚全集　第27巻　三田村鳶魚　著　中央公論社　1977
三文役者あなあきい伝〈PART1〉　殿山泰司　著　筑摩書房　1995
三都喰べある記　松崎天民　著　誠文堂新光社　1932
四季毎日三食料理法　冬の部　安西古満子　著　博文館　1909
志賀直哉全集　第3巻　志賀直哉　著　岩波書店　1999
獅子文六全集　第15巻　獅子文六　著　朝日新聞社　1968
私の江戸―東京学　加太こうじ　著　筑摩書房　1987
私の浅草　沢村貞子　著　暮しの手帖社　1976
私説安藤鶴夫伝　須貝正義　著　論創社　1994
自活之指針　三谷素啓　著　自活の指針社　1917
鹿児島百年　下　大正昭和編　南日本新聞社　編　謙光社　1968
叱言たわごと独り言　高橋義孝　著　新潮社　1976
疾風の如く　大賀正行と六人の同志たち　吉崎愛子　著　長征社　1998
実業の栞　安藤直方　著　多田錠太郎　著　文禄堂　1904
実業世界太平洋明治36年13号　博文館　1903

参考文献

書名　著者・編者　出版社　出版年

実業之日本大正13年6月号　実業之日本社　１９２４
実験苦学案内　徳田紫水 著　矢島誠進堂　１９０３
実用和洋惣菜料理　桜井ちか子 著　実業之日本社　１９１２
柴田宵曲文集　第5巻　柴田宵曲 著　小澤書店　１９９１
社会百方面　乾坤一布衣 著　民友社　１８９７
拾円で出来る商売　読売新聞社便利部 編　実業之日本社　１９３６
住み方の記　西山夘三 著　文芸春秋新社　１９６５
十方化おおさか史―懐しき大正・昭和一けた　中村浩 著　現代創造社　１９８１
庶民のアルバム明治・大正・昭和　朝日新聞社 編　朝日新聞社　１９７５
女工哀史　細井和喜蔵 著　改造社　１９２５
女學雑誌第10巻２０２号　女学雑誌社　１８９０
商店界昭和10年12月号　誠文堂新光社 編　誠文堂新光社　１９３５
商店界昭和5年11月号　誠文堂新光社 編　誠文堂新光社　１９３０
小資経営職業相談　東京府職業紹介所 編　東京府職業紹介所　１９３５
小資本営業秘訣　森本湖山 著　福音社　１９１３
小資本開業案内　商店界編輯部 編　誠文堂新光社　１９３９
昭和っ子　セピア色の想い出　鈴木昶 著　東京堂出版　２００２
昭和初期　一移民の手紙による生活史　ブラジルのヨッチャン　中野卓 編　中野進 編　思文閣出版　２００６
昭和東京私史　安田武 著　新潮社　１９８２
醤油・味噌・アミノ酸／質疑応答　木下浅吉 著　木下醸造研究所出版部　１９３５
醤油沿革史　金兆子 著　田中直太郎　１９１３
上方食談　石毛直道 著　小学館　２００１
上京して成功し得るまで　福田弥栄吉 編　東京生活堂　１９１７
常総名家伝　第1巻　木戸偉太郎 編　会始書館　１８９０
職人尽絵詞　鍬形蕙斎 著　19世紀初め

食楽2008年2月号　徳間書店　2008
食行脚　東京の巻　奥田優曇華　著　協文館　1925
食卓のある風景　池波志乃　著　徳間書店　2007
食道楽（下）　村井弦斎　著　岩波文庫　2005
食道楽昭和三年五月号　食道楽社　1928
食道楽昭和三年六月号　食道楽社　1928
食道楽昭和四年五月号　食道楽社　1929
食道楽昭和四年六月号　食道楽社　1929
食味歳時記　改版　獅子文六　著　中央公論新社　2016
新撰京都叢書　第8巻　新撰京都叢書刊行会　編著　臨川書店　1987
新日本風土記9　近畿編1　兵庫南部・大阪　宮本常一　編　国土社　1981
新版　放浪記　林芙美子　著　新潮社　1979
新編　思い出す人々　内田魯庵　著　岩波書店　1994
新編十代に何を食べたか　未來社　編　平凡社　2004
人間見物　松崎天民　著　騒人社書局　1927
人口から読む日本の歴史　鬼頭宏　著　講談社　2000
随筆・浅草　一瀬直行　著　世界文庫　1966
世渡風俗圖會　清水晴風　著
政界往来第24巻4号　政界往来社　1958
生活の随筆　第4　女性　筑摩書房　1962
生活難退治　金田晩霞　著　林成美堂　1914
西洋料理の典型研究記録　糧友会　1939
西洋料理指南　上下　敬学堂主人　著　雁金書屋　1872
西洋料理通　仮名垣魯文　編　萬笈閣　1872
西洋料理法　大橋又太郎　編　博文館　1896
川端康成全集　第26巻　川端康成　著　新潮社　1977

参考文献

川端康成全集　第2巻　川端康成 著　新潮社　1977
川端康成全集　第4巻　川端康成 著　新潮社　1981
浅草　その黄金時代のはなし　高見順 編　新評社　1978
浅草っ子　渋沢青花 著　毎日新聞社　1966
浅草の小学生　寺村紘二 著　下町タイムス社　1990
浅草はるあき　内田栄一 著　新しい芸能研究室　1977
浅草経済学　石角春之助 著　文人社　1933
浅草子どもの歳時記　漆原喜一郎 著　晩成書房　1990
浅草走馬燈　一瀬直行 著　光風社書店　1978
浅草物語　辻忠二郎 著　晃進社　1987
染太郎の世界　かのう書房　1983
全人間への旅　私の履歴書　水野健次郎 著　日本経済新聞社　1990
素人でも必ず失敗しない露天商売開業案内　増田太次郎 著　康業社出版部　1936
続0cology　藤中義治 監修　オタフクソース株式会社　2001
続銚子市史　銚子市 編　銚子市　1983
大ぼったら　刈部山本 著　同人誌　2014
大阪学 続　大谷晃一 著　新潮社　1997
大阪繁盛記　鍋井克之 著　布井書房　1960
大阪府の郷土料理　上島幸子 著　東歌子 著　西千代子 著　山本友江 著　同文書院　1988
大正・日本橋本町　北園孝吉 著　青蛙房　1978
大正の築地っ子　岸井良衞 著　青蛙房　2016
大正十年生まれ　河出書房新社編集部 編　河出書房新社　1979
大洗ぶんかざい通信　第9号　大洗町教育委員会生涯学習課社会教育係 編　大洗町教育委員会生涯学習課社会教育係　2004
大東京繁昌記　高浜虚子 他 著　毎日新聞社　1999
大菩薩峠20　中里介山 著　筑摩書房　1996

第五回内国勧業博覧会審査報告　第5部巻之1－3　第五回内国勧業博覧会事務局 編　長谷川正直　1904
第三回内国勧業博覧会審査報告　第3部　第三回内国勧業博覧会事務局　1891
脱俗の画家　横井弘三の生涯　飯沢匡 著　筑摩書房　1976
池波正太郎の食卓　佐藤隆介 著　新潮社　2001
中原中也の復活　藤原明夫 著　中原中也・太宰治研究所　1980
中小企業研究第一巻　中小企業調査会 編　東洋経済新報社　1960
長谷川伸全集　第10巻　長谷川伸 著　朝日新聞社　1971
長谷川伸全集　第15巻　長谷川伸 著　朝日新聞社　1971
通俗醤油醸造法講義録　葛岡陽吉 著　真壁郡醤油醸造組合　1915
定本船場ものがたり　香村菊雄 著　創元社　1986
天麩羅物語　露木米太郎 著　自治日報社出版局　1971
東郷平八郎　米沢藤良 著　新人物往来社　1972
東西味くらべ　谷崎潤一郎 著　角川春樹事務所　1998
東京おぼえ帳　平山蘆江 著　住吉書店　1952
東京っ子　秋山安三郎 著　朝日新聞社　1962
東京の味　角田猛 著　白光書林　1956
東京歳時記　随筆　安住敦 著　読売新聞社　1969
東京年中行事　上下　若月紫蘭 著　春陽堂　1911
東京百事便　三三文房 編　三三文房　1890
東京名物食べある記　時事新報家庭部 編　正和堂書房　1930
徳田秋聲全集　第18巻　徳田秋聲 著　八木書店　2002
独立開業新商売確実成功法　服部金次郎 著　東学社　1938
南陽高知商之便覧　三田到十郎 編　三田到十郎　1887
日本その日その日　2　E・S・モース 著　平凡社　1970
日本の名随筆　12　味　田辺聖子 編　作品社　1983
日本の名随筆　42　母　水上勉 編　作品社　1986

参考文献

日本の名随筆 52 話 木下順二 編 作品社 1987
日本の名随筆 54 菓 塩月弥栄子 編 作品社 1987
日本の名随筆 59 菜 荻昌弘 編 作品社 1987
日本三大洋食考 山本嘉次郎 著 昭文社出版部 1973
日本庶民生活史料集成 第8巻 三一書房 1969
日本大雑誌 復録 大正篇 改装版 流動出版 1979
日本民俗文化資料集成 第10巻 (金属の文化誌) 谷川健一 編 三一書房 1991
日和下駄：一名東京散策記 永井荷風 著 東都書房 1957
如何なる星の下に 高見順 著 講談社 2011
半七捕物帳2 岡本綺堂 著 光文社 1986
風俗画報399号 東陽堂 1909
風俗画報85号 東陽堂 1895
風流たべもの誌 浜田義一郎 著 人物往来社 1968
復刻 江戸と東京 1—4 石角春之助 編 明石書店 1991
聞き書 愛知の食事 日本の食生活全集愛知編集委員会 編 農山漁村文化協会 1989
聞き書 広島の食事 日本の食生活全集広島編集委員会 編 農山漁村文化協会 1987
聞き書 佐賀の食事 日本の食生活全集佐賀編集委員会 編 農山漁村文化協会 1991
聞き書 埼玉の食事 日本の食生活全集埼玉編集委員会 編 農山漁村文化協会 1992
聞き書 山梨の食事 日本の食生活全集山梨編集委員会 編 農山漁村文化協会 1991
聞き書 大阪の食事 日本の食生活全集大阪編集委員会 編 農山漁村文化協会 1991
聞き書 鳥取の食事 日本の食生活全集鳥取編集委員会 編 農山漁村文化協会 1991
聞き書 東京の食事 日本の食生活全集東京編集委員会 編 農山漁村文化協会 1988
聞き書 兵庫の食事 日本の食生活全集兵庫編集委員会 編 農山漁村文化協会 1992
暮しの手帖 第3世紀（49） 暮しの手帖社 1994
忘れ残りの記 吉川英治 著 六興出版 1978
北斎漫画 葛飾北斎 著 片野東四郎 1878

僕の東京地図　サトウハチロー 著　ネット武蔵野　２００５
幕末明治女百話　篠田鉱造 著　岩波書店　１９９７
味の歳時記　吉村公三郎 著　岩波書店　１９９５
夢のあとさき　野一色幹夫 著　野一色晃代　１９９１
無資本実行の最新実業成功法　実業力行会 編　樋口蜻輝堂他　１９１０
無資本実行の最新実業成功法　実業力行会 編　樋口蜻輝堂 他　１９１０
無職者無資本者の顧問　岩崎徂堂 著　戸取書店　１９１３
明治・大正を食べ歩く　森まゆみ 著　PHP研究所　２００４
明治の銀座職人話　野口孝一 著　青蛙房　１９８３
明治の宵　藤浦富太郎 著　光風社書店　１９７８
明治屋百年史　明治屋創業一〇〇年史編纂委員会 編　明治屋　１９８７
明治商売往来　仲田定之助 著　青蛙房　１９６９
明治商売往来　続　仲田定之助 著　青蛙房　１９７０
明治世相百話　山本笑月 著　中央公論新社　１９８３
明治西洋料理起源　前坊洋 著　岩波書店　２０００
明治大阪物売図彙　菊池真一 著　和泉書院　１９９８
明治大正見聞史　生方敏郎 著　中央公論社　１９７８
明治大正史　第4巻 世相篇　朝日新聞社 編　朝日新聞社　１９３０
明治東京逸聞史第1、第2　森銑三 著　平凡社　１９６９
明治文化史　第12巻　開国百年記念文化事業会 編　原書房　１９７９
明治文學全集　28　齋藤緑雨集　齋藤緑雨 著　筑摩書房　１９６６
夜食の文化誌　西村大志 著　青弓社　２０１０
薬の大阪道修町　今むかし　三島佑一 著　和泉書院　２００６
洋食や　たいめいけんよもやま噺　茂出木心護 著　KADOKAWA　２０１４
裏町の唄　森川直司 著　すずらん書房　１９７８
立志成功就職者の顧問　鈴木皓天 著　産業書院　１９１５

参考文献

流行衣・食・住　青木英夫 著　大塚力 著　文祥社　1959
料理文献解題　川上行蔵 編著　柴田書店　1978
類聚近世風俗志　原名守貞漫稿　上下　喜田川季荘 著　国学院大学出版部　1908
霊影　探偵秘録　恒岡恒 著　司馬将价 著　河出書房　1933
老妓抄　他十一篇　岡本かの子 著　角川書店　1954
和食と日本文化　原田信夫 著　小学館　2005
和洋食物調理法 夏　秋穂益実 著　東京割烹女学校出版部　1912
圓朝全集　巻の四　三遊亭圓朝 著　世界文庫　1963
壺井栄全集　9　壺井栄 著　筑摩書房　1969
洒落本集成　第1巻　尾崎久弥 編　春陽堂　1930
神戸とお好み焼き 比較都市論とまちづくりの視点から　三宅正弘 著　神戸新聞総合出版センター　2002
都市民俗学4　賑わいの文化論　望月照彦 著　未来社　1990
京の女ごよみ　あんなあへえ　朝日新聞社京都支局 編　白川書院　1974

お好み焼きの物語
執念の調査が解き明かす新戦前史

2019年1月29日　初版発行

著者　近代食文化研究会

イラスト　福地貴子
編集　新紀元社 編集部

発行者　宮田一登志
発行所　株式会社新紀元社
〒101-0054 東京都千代田区神田錦町1-7
錦町一丁目ビル2F
Tel 03-3219-0921　Fax 03-3219-0922
http://www.shinkigensha.co.jp/
郵便振替　00110-4-27618
印刷・製本　中央精版印刷株式会社

ISBN 978-4-7753-1667-2
Printed in Japan